應志遠 著
張瓊齡 採訪撰稿　楊雅棠 攝影

親密是教養的起點

音樂家爸爸最真誠的親子互動旋律

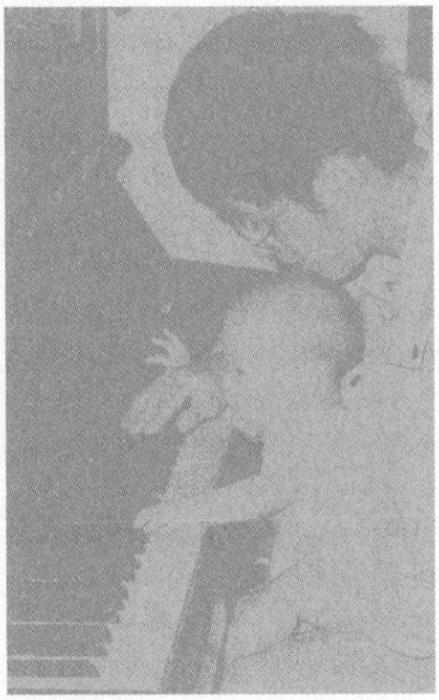

目錄

推薦序

一位音樂佈道家與百分之百的天才奶爸

嚴長壽
（公益平台文化基金會董事長）

應志遠先生是一個我遇到極少數擁有細密個性的男性。從他自身的音樂人生歷程，到撫養女兒的過程，在在都顯示出他異於常人的表現。

二〇一一年三月，公益平台與應志遠先生所主持的童想村，曾在台東舉辦一場「童想室內三重奏」，由法國極具影響力的大提琴家 Alain Meunier 的三位優秀門生李昀陽、應就然和高洛堯擔綱表演（應就然為應志遠的大女兒）。凡是欣賞過這場演出的朋友，都對應志遠先生豐富的表情、靈活的手勢，以及充滿情境想像力的導聆方式，留下深刻難忘的印象。

做為一個音樂的「表演者」，應志遠先生在音樂上有很深的造詣，他擅長將中國詩詞歌賦的意境，融入穿透於西洋古典音樂的詮釋中，將音樂的內涵與感動傳達出來。他自創的「情境教學法」獨具一格，也帶領許多喜愛音樂的朋友輕鬆地進入古典音樂的奧秘殿堂，讓音樂成為普世藝術，也讓音樂擁抱群眾。

做為一個父親的角色，在他人生正值巔峰時期，為了成就孩子的音樂生命，竟毅然放下工作，陪伴大女兒至法國深造學習音樂。在他與兩個女兒的相處之間，保持著細膩零距離的觀察與溝通方式，將「親密」的價值真實無遮掩地展現在親子教育中，使之成長茁壯。顯見「親密」為其家庭生活中最特別的堅持，也是他教養觀念中最具影響力的一份軸心。

看完此書，心中覺得甚是感動！應志遠先生不但是一位熱愛生命與大自然的音樂佈道家，更是一位天生的自主教育實踐者，一位百分之百的天才奶爸。應志遠先生所經歷的親職教育，的確是很少台灣為人父者所能體驗的過程，而他正以如此自在、另類的方式，享受著充實而飽滿的人生果實。

推薦序

要說應志遠這小子

陶傳正
（奇哥公司董事長）

要說應志遠這小子，我跟他熟不熟？說實話，還真不熟。雖然他是我的小舅子。

第一次看到他，是因為當時我正在追他姊姊，到他們家找他姊姊。家裡沒大人，只有他在。看他雖然還沒上小學，但是也還聰明靈巧，對著我直笑。我想他大概已經知道我的目的是什麼。只好不捨地把本來要給他姊姊的巧克力給了他，以免因小失大。

後來還真跟他姊姊結婚了，他也慢慢長大。只記得當年他常神出鬼沒於我們家。我工作繁忙，回家晚，偶爾早上醒來，發現他住在我們家。一開始覺得挺怪的。後來住久了，也只好習慣了。反正我們家進進出出的人多，也不差他一個。

看他平時好像也沒念書，但也考得上師大附中。高中不好好念，他居然能以拉了才兩年的小提琴，以同等學歷去考東吳的音樂系，還居然考上了。後來又去考文化的藝術研究所。文化有沒有畢業我不清楚，不過他居然討了個彈鋼琴的老婆。

上大學的目的不一定是要學「修身、養性、治國、平天下」，但是我知道他上大學唯一的成就是討了個老婆。

成家以後，也沒看到他立業。他偶爾教小朋友拉小提琴，他老婆則天天教小朋友彈鋼琴。他愈教愈少，他老婆愈教愈多。雖說如此，孩子還是要生的。一口氣生了兩個女兒。不過好像跟他沒關係，都是他老婆生的。因為都是他老婆負責帶，他雖然也帶，都是帶她們兩個出去玩。

後來他發現大女兒「啾啾」好像對拉小提琴有天分，就把所有的心思都放在大女兒身上，他居然陪著大女兒到法國去學音樂。而且一去就是好幾年。我忍不住跟他講，好歹你也學點東西吧？最後他學了「指揮」。我說天啊！台灣一共有幾個樂團？你學指揮回來要指揮交通啊？結果他學成歸國。沒大樂團讓他指揮，結果自己弄了個「童想」交響樂團，讓他亂指一通。音樂會時，我看大家一開始是看著他，開始演奏以後大家都只看譜啦！不過我看他還挺享受的。閉著眼，帶著笑容，從頭比劃到尾。他實在應該去當演員的。

不知道是因為他喜歡蓋，還是他長得帥的緣故，居然有人要幫他出書。我說：「出什麼書？教大家指揮交通啊？」他忍著氣跟我說：「姊夫，不是啦！是談親子的書。」

談親子？那不是笑話嗎？從小我就看你高興時，就帶她們出去玩，不高興時，就把她們管訓一頓。這也有學問啊？我也會！

不管怎麼說，書也寫完了！姊夫總是姊夫，要說些好話，雖然姊夫嘴裡只有假牙，沒有象牙。

親愛的讀者，親子關係千百種，最重要的就是要「親密」。這一點連應志遠都做得到，你一定也做得到！

推薦序

做個有文化的自由人

李雅卿
（台灣自主學習倡議人）

台北市自主學習中學（國、高中六年一貫）實驗計畫結束的那一年，我和老師們再次思考：到底我們想要培養出什麼樣的人來？

做為一個本土性的教育實驗，從創辦種籽小學到進入北市中學，參與「自主學習」的教師們總是一再誠實、認真地面對這個課題。可是每次的結論都讓人滿意又不那麼滿意。直到那次，我們才一起認清：自主學習的教育，無非是在台灣這個時空環境中，培養出真正的「自由人」與「文化人」來！

只要基於這個理念，願意不斷檢視自己的教育方式，尊重並協助下一代的生命開展，無論是不是能繼續保有學校體制的場域，都無礙於我們站在任何位置，以自己的專長，面對下一代，從事自己相信的教養事業。

應志遠老師和台灣少數具有文化的自由人一樣，養出兩位秀異的孩子。很多人好奇：這麼精采的孩子是怎麼教出來的？就像很多人好奇，為什麼自主學習總是強調「教—學」間互動式的成長一樣。

應老師這本書，有理念、有反思、有情節、有故事，真是一個好的說明。

除非父母或教師本身就是（或讓自己逐步成為）一個有文化的自由人，否則不可能允許下一代具有自由的靈魂，並協助他們發展自己與自己、自己與他人、自己與大自然之間良好的互動能力，讓周邊的人、事、物都能安然自在，共享幸福。

其實應老師是自主中學計畫結束後才出現的，不過他一直是我們實驗計畫美學和英文教師的好朋友，彼此總是交互探討著生活與生命的課題。當他回國和自主團隊的成員見面時，彼此都有相見恨晚的感覺。於是有家長和他一起玩音樂；有教師和他一起探理念；也有學生從他的「童想樂團」演奏中體會到：從音樂本質的角度出發，也和數學、語文、工藝……各個領域一樣，都能做為個人生命創造的良好進路，協助我們體會什麼是真、是善、是美？什麼是生命？什麼是自由？

我希望所有看這本書的朋友，不要起自悔之心，覺得自己怎麼沒有早一步像應老師這麼做。

因為生命的成長永遠不嫌遲。無論過去的際遇如何，只要你想，現在就可以讓自己開始。

願台灣出現更多具有文化素養的自由人，無論是這一代或是無盡的下一代。

推薦序

與孩子親密，也是父母給自己最好的禮物

李偉文（親子教養作家）

看了應爸爸的這本真情告白，相信只要身為父母親，一定非常羨慕他能夠與孩子維持這麼親密的關係，繼而不免安慰自己，或許他們全家都有學音樂的藝術性格，比較浪漫吧！尤其像應爸爸，從十三歲就萌生想當爸爸這樣的志願，恐怕非常人所有，普通人應該做不到吧！

其實並不是把孩子呵護在手心，甚至對孩子的要求百依百順，就能換得他們對父母的親密感；相反地，就如書中小女兒比嘎所說，最感謝爸媽的兩件事，一是家裡有不斷自剖的家風，一是爸爸對她的管教很嚴格，卻公平又講道理。

比嘎說的這兩點，很值得所有父母仔細思索。從應爸爸與孩子的互動中可以看到，父母不需要討好孩子，該要求孩子時絕對不能打折扣，但我們也必須懂得反省，能夠誠懇地與孩子溝通。

我總覺得，台灣的家長在孩子不同的成長階段所採取的方法與重點，剛好顛倒了。往往在孩子還小的時候，崇尚開放式的教育，任何事情都跟孩子講道理，讓孩子自己做決定，結果養出自我中心的小霸王；到了青春期，卻開始擔心孩子變壞，反而採取高壓手段，以「我是為你好！」為藉口，阻斷了親子間坦誠溝通的機會。

孩子小時，大腦的理智分析力尚未成熟，實在不必耗太多心神講道理，孩子也沒有太多能力做自主選擇，父母陪伴的重點應該放在生活常規的養成、負責與自律。到了青春期，父母就可以跟孩子做自剖式的交流，相互分享心靈感受。當父母敢於放下莫須有的尊嚴或面子，孩子才願意把我們當成「同一國」的，親子間的親密感才有可能真正地建立。

應爸爸與孩子彼此間的互動方式，或許我們無法完全做到，但是這樣的核心理念與價值，卻是為人父母者都該參考、並想辦法用自己的方式實踐於家庭中的。

推薦序

一本傳遞幸福的書

傅娟（親子教育專家）

第一次見到 Jo Jo 姊姊和應爸爸，是在他們中和的家中。

有天聽娣娣（我的三女兒）的體操教練提及，有位從法國回來的小提琴家，每天都到他們的體操館練體操。

好奇地想帶娣娣認識這位總想著倒立出場拉琴的小提琴家，聽聽她的故事，順便也看看是否可以激發出熱愛體操的娣娣多些對小提琴的熱情。

Jo Jo 姊姊約了我們去她家裡，第一眼娣娣就被這位氣質非凡、靈氣逼人，有著清秀臉孔、纖細身材的漂亮姊姊給迷住啦！於是拉著姊姊的手，纏著她不放，翻跟斗、倒立、下腰，到拉小提琴、彈鋼琴，從體操一直玩到音樂。Jo Jo 姊姊不只琴拉得扣人心弦，體操也不輸專業呢！

正準備回家時，應爸爸回來了。怎樣的父母才能教出這麼棒的孩子？聊著聊著，我走不了了，著迷的人變成是我了，從他自己怎麼學音樂，到怎麼教 Jo Jo，怎麼出國和怎麼生活，到現在怎麼推廣古典音樂……。怎麼會有人這麼會講故事，而且是講古典音樂的故事，每首曲子的迭盪起伏都變得生動而有畫面。我終於知道，為什麼 Jo Jo 的小提琴演奏令人如此心動的原因了。看著應爸爸散發光采的眼神，興味盎然地解釋著，我想，連不懂古典音樂的人都會感動、了解和愛上古典音樂的。

應爸爸要出書了！我非常想看，迫不及待地讀著書稿。看完之後，好感動，好感謝，好感恩。

感動於他對於家庭、對於孩子的付出與陪伴，對於音樂、對於生命的熱情與執著，好動人！

感謝他的分享，一個爸爸堅強的、軟弱的、勝利的、挫折的一面，尤其是親密的價值，好受用！

感恩自己意識到，有一天做父母的終需放手，是可以如此無畏、如此勇敢！

八月在教會裡舉辦的音樂會，由應爸爸主持和導聆，Jo Jo 演出和示範，看得到父女倆的默契、滿足和快樂，好幸福！這是一場傳遞幸福的音樂會，感恩自己可以置身在這樣的幸福裡，正如我看完這本書的感覺。

自序

一起經驗生命的美好

人生當中，絕大多數的角色都是被賦予的。然而做為一個父親，我確定是在充分的心理準備和熱切的期盼下投入的。父親的角色意味著嶄新的機會和全然的責任，那是不可推諉也不必謙讓的冠冕。記得第一個孩子出生前，想到將有一個新生兒叫我爸爸，就令人激動不已。

「對愛的直覺和有益身心的理性作為，都將被帶進養育的過程。而且無論如何，不要讓歲月蒙蔽了初心。」我是這樣不時叮嚀自己的。如今，回首二十七個年頭，歷經多次關卡，一家人在親密的基礎上，以坦白的態度將歧見化小，諒解加深，危機變成轉機，親子關係結出友誼的果實。誰不想把最好的給足下一代呢？這本書所陳述的，正是我確信為好的核心理念。

不論是身為一位古典音樂的佈道者，或是個性迥異的一雙女兒的父親，或是一位來日的作家，最大的心願無非就是和大家一起經驗生命的美好，尤其是當我們可以面對面的時候。

感謝瓊齡一路協助完成書稿，感謝賴佩茹女士從旁鼓勵與指教，最要感謝遠流的編輯朋友，在迷茫人海中，為心靈的交流開闢航道。

二〇一二年九月四日 於南勢堡

楔子

生命中的驚鴻一瞥，我十三歲就想當爸爸！

十三歲那年，有一個重要的、奠定我人生基調的經驗，我稱之為「生命中的驚鴻一瞥」。那時身高才一百四十幾公分的我，很稚嫩羞澀。每天都從當時還很鄉下的新店安坑通勤到台北市萬華國中念書。

在秋末冬初的一個清晨，我背著書包，戴著尖頂帽，準備搭乘從新店往萬華的第二班台北客運。走過一條很窄的馬路，沿途只有幾家商店，只見一個粗獷、貌似做「黑手」的男人，騎著「野狼一二五」，他身前有個看來只有兩歲的小女孩，反身緊緊抱著他的肚子。

那一幕對當時的我來說，大概是有生以來最受震動的畫面：一個可能沒受過什麼教育的男人，看得出來他有的是不會令人嚮往的生活，可是他的女兒卻那麼信任地抱著他。

那是一個瑟縮的昏暗早晨，迎面而來是刺骨的冷風，但我看到一個男人，可以成為女兒生命中最美、最完全的依靠，只因為他是她的爸爸，僅僅如此就夠了！

我生長在基督教家庭，我相信，上帝把這種權能賜給了一個父親，只要你願意讓你的孩子依靠、擁抱，你就能供應他需要的安全感。那個女孩一定覺得很幸福，抱的雖是爸爸的肚子，對她而言，全世界都抱在她手上了。

這世上最美的事，是一個生命對另一個生命完全地相信。或許是一個孩子躺在牛背上睡著了，或是一隻狗舒服地窩在主人身邊，這是兩個相互信賴的生命，更何況是發生在小女孩和她爸爸之間。

日後回想，我之所以一直想要組織家庭，或許正來自那天早上帶給我的觸動！我有一種強烈的渴望，渴望長大後一定要當爸爸，一定要擁有自己的小孩。我想讓那種美好的信賴感，藉由養育孩子的過程真正地發生！

∞

大女兒應就然（小名啾啾）是在我一個學生家長開的醫院出生。那家綜合醫院不是專門的婦產科醫院，對於先生陪伴太太生產的觀念當時也很保守。

女兒的預產期是三月份，我們夫妻自行到醫院，沒驚動其他人。太太整整痛了二十幾個小時，直到住進醫院的次日中午，產道還是要開不開的。我趁醫護人員去吃中飯，潛入產房，跟我

1+1>2。兩個相愛的人，共同追求家庭的憧憬，孕育純然天真的新生命，是多麼美好的一件事！二十一歲時攝於關渡平原。（應志遠 提供）

太太說：「陳慧琳，我們自己來生！」

據說用「拉梅茲生產呼吸法」時要呈半蹲姿勢，我便蹲好馬步，讓太太下了產檯坐在我兩腿上，我從身後緊緊抱住她，跟她說，你就想像坐馬桶解大便一樣。一邊發號司令：「好，很好，繼續呼氣、吐氣……」一邊繞著產檯蹲走，很快地，陣痛反應加劇了。就這樣繞走了將近半個小時，我看她累了，就去買牛奶讓她補充體力。醫生夫婦吃飽飯回來，一檢查，小孩的頭快要出來了，真的要生了。當我回到醫院時，已無法再進產房。

我在產房外等候，緊張得來回踱步，感覺自己彷彿聽到嬰兒啼哭的聲音。這樣的等待實在煎熬，我開始四處搜尋，想找一個可以看見產房的角落。這家由雙拼公寓樓房打通的醫院，竟讓我尋到產房外的陽台，就在我站定不到數十秒鐘，醫生已拉出了一個小baby。我立刻衝到太太身旁，大叫：「陳慧琳，你好偉大！」

醫生好生氣，對我大吼：「滾出去！」雖然被醫生責罵，但我一定得這麼做，因為她需要支持。

一會兒，女兒穿上小衣服，讓護士抱了出來，我這才看見她的臉，好祥和、完全剔透的一個生命。

一個靈魂來到這世上，我希望這個靈魂，不要被她的身體或心理困住了；希望這輩子，這個靈魂帶著她的身體，穿透她的心理，能夠一直保有、顯露她初初來到這個世界的單純之心，這是我身為父親竭盡所能，一定要做到的事！我甚至覺得，在孩子誕生之前，我所有的人生經歷，都在為這件事而預備著。

對我而言，確定自己是個剔透的靈魂，也唯有這件事情值得我們努力。用這個剔透的靈魂，走過自己的一生，走得很清晰、很自在，甚至成為他人的祝福，我認定這才是最棒的人生。

若問我對養育孩子有沒有擔心？我唯一擔心的就是，身為父親的我會不會蒙蔽掉這個靈魂，致使她失去真正的光采？

很多人聽到大女兒的名字「應就然」，感覺都很強烈。

8

我們夫妻的共識是要為孩子取個中性的名字，男女都可以用。我們喜歡「然」字念起來的聲音，而「就」這個字有點不俗的態度，兩字合起來「就然」，也帶著一種禪意。

我們兩個沒有經驗的父母，在盡量不麻煩雙方親友的情況下，自己去醫院生產，自己坐月子，把孩子帶得相當不錯，便以為小孩都是這樣的。卻不知道，啾啾是個異常好帶的孩子，她的性情跟我們夫妻的氣質也相當投合，不大哭鬧，頂多只會微微啜泣引起我們的注意。記得她才剛學會走路不久，肚子餓了，就搖搖晃晃地把奶瓶拿到我們面前。養育她的過程實在太順利了，以至於我們這對年輕的父母，以為小孩就是這麼好養，還曾經天真地想要生五個。

那時候，只要看到別人家的小孩哭鬧不休、無法無天，便斷然地認為，一定是父母有問題，沒盡到該盡的責任，怎麼不好好教小孩呢？

我們是如此地驕傲，直到生下第二個孩子，就得到了教訓。

我念研究所的時候確知，擁有先天性氣喘體質的我可以不用當兵，於是計畫在啾啾三歲時再幫她添一個弟弟或妹妹。我們一家三口滿心歡喜地期待著這個小生命，還讓啾啾幫這個即將到來的新成員取名字，她毫不考慮地說：「比嘎！」聽起來就像是外星人的名字。

比嘎出生一個禮拜，就讓我們完全意識到生了一個棘手的孩子，除了不明原因地超級愛哭，所有用在姊姊身上得心應手的育兒經驗，在她身上全不管用。我們彷彿回到新手父母般的窘態，甚至更加手足無措。

老二的名字還真讓我們想破了頭，先是取了個有點掉書袋的名字「應式頤」，用了一陣子後，怎麼都覺得不對勁。想當年改名字還要找黃牛幫忙呢，也必須提出充分的理由，我就跟戶政事務所的辦事員說，原來的名字聽起來帶著殺氣，感覺好像會對她的阿姨不利的樣子，我還把同音字寫下來給他看，對方一看馬上就同意了。

後來我們取了簡潔的單名「悅」。這個字筆畫雖不多，但可以站得住，不覺得頭重腳輕。

這兩個孩子，就在我一邊念研究所、一邊在家裡教學生拉小提琴的情況下，親手帶到讀小學，幾乎沒讓她們念幼稚園。

記得當年論文口試時，跟其中兩位擔任評委的教授聊起，得知他們也都有自己帶孩子的經驗，便坦誠地對他們說，我在學術上沒辦法完全投入，我實在喜歡也享受帶孩子的過程。教授們回應我說，在他們心目中，能夠帶好一個孩子，比寫出一本博士論文還要了不起。這一席話給我很大的鼓勵。

身為父親，我期許自己不要讓歲月蒙蔽了初心，不要蒙蔽了孩子剔透的靈魂。（應志遠提供）

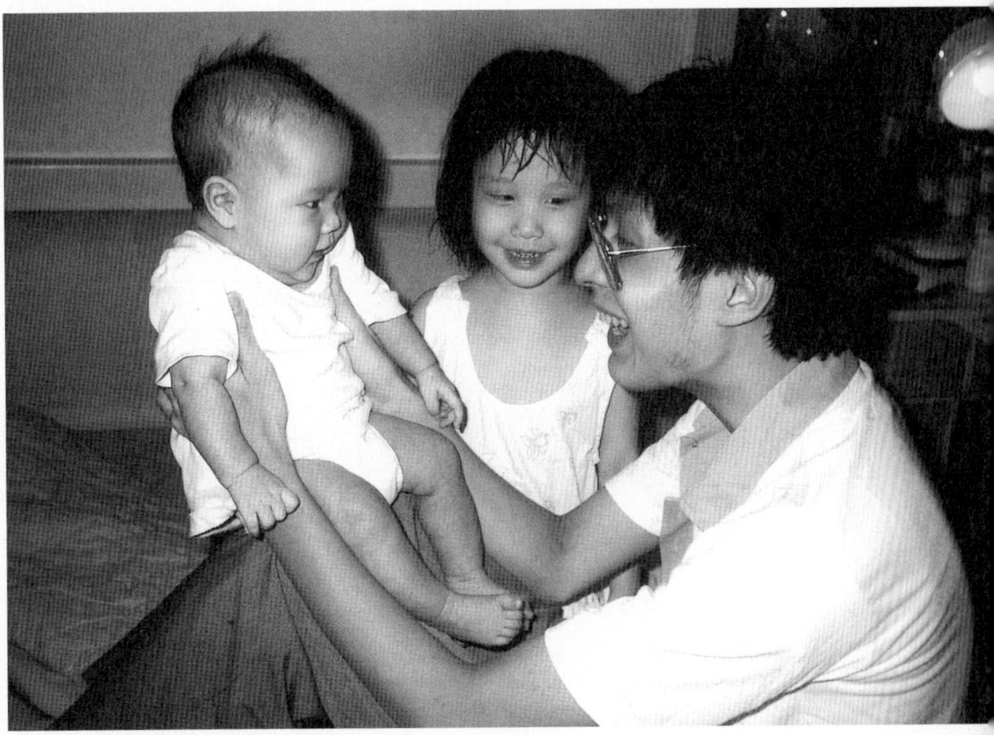

我同時帶兩個孩子，一個六歲，一個三歲。教授們說：「要教好一個孩子，所需的智慧是很驚人的，因為你碰到的是真正棘手的問題！」

面對一個生命，是沒有其他任何事情可以超越的。如果一個活生生的生命都不珍貴，還有什麼可珍貴的呢？

我的幸運之處，是在面對人生的重要議題時，完全沒有搞錯重點。

∞

一直覺得，最讓人快樂的一種

狀態是身處在大自然中，而且人和人之間沒有分別心。我很有意識地要讓我的孩子保持純然的天真，就像我小時候那樣，與大自然靠近，人跟人能夠完全坦誠地在一起，不要有芥蒂，這是我認為理想的生活。

另一方面，我也希望給她們一個工具、一種訓練，讓她們有機會跟文明社會銜接。因為社會、人心很複雜，孩子需要一些鍛鍊，以便順應社會裡一些制式的、應酬的、沒有道理的部分，有時是一種權力的結構，孩子也要了解這些事。

面對文明社會具有適應力，日常生活裡則能隨時享受著純真、純善的狀態。這是我在教養上明確的兩個支柱，也以此教導兩個女兒。

在陪伴孩子的過程中，我自己曾有過的匱乏都得到了彌補。孩子在成長中有許多的疑惑，我就想到自己過去也有這些疑惑，但沒人可以好好告訴我，我的孩子卻可以沒有恐懼、沒有顧慮地提出來。幫孩子解惑的同時，如果碰觸到我自己的問題，我也會坦誠地告訴孩子，過去爸爸的好奇心太重，相對的知識又太少，所以犯了一些錯誤，爸爸不希望同樣的狀況發生在妳們身上。

我不會用道德的大帽子，而是傾向把我知道的各種狀況提出來，跟她們做討論。我總是盡可能地讓她們知道，一件事情可以有很多不同的結果，只要她們內在是相信自己、也尊重別人的。所有事情都是自己做的決定，不能老是怪罪他人，這是我教育孩子的原則，也是我的人生態度。

若問這一生中，有什麼最值得與別人分享的？那就是，一個全新的生命，從她出生的那一刻開始與她相處，直到有一天，這個孩子能夠獨立自主，這整個過程，就是我最想和大家分享的。

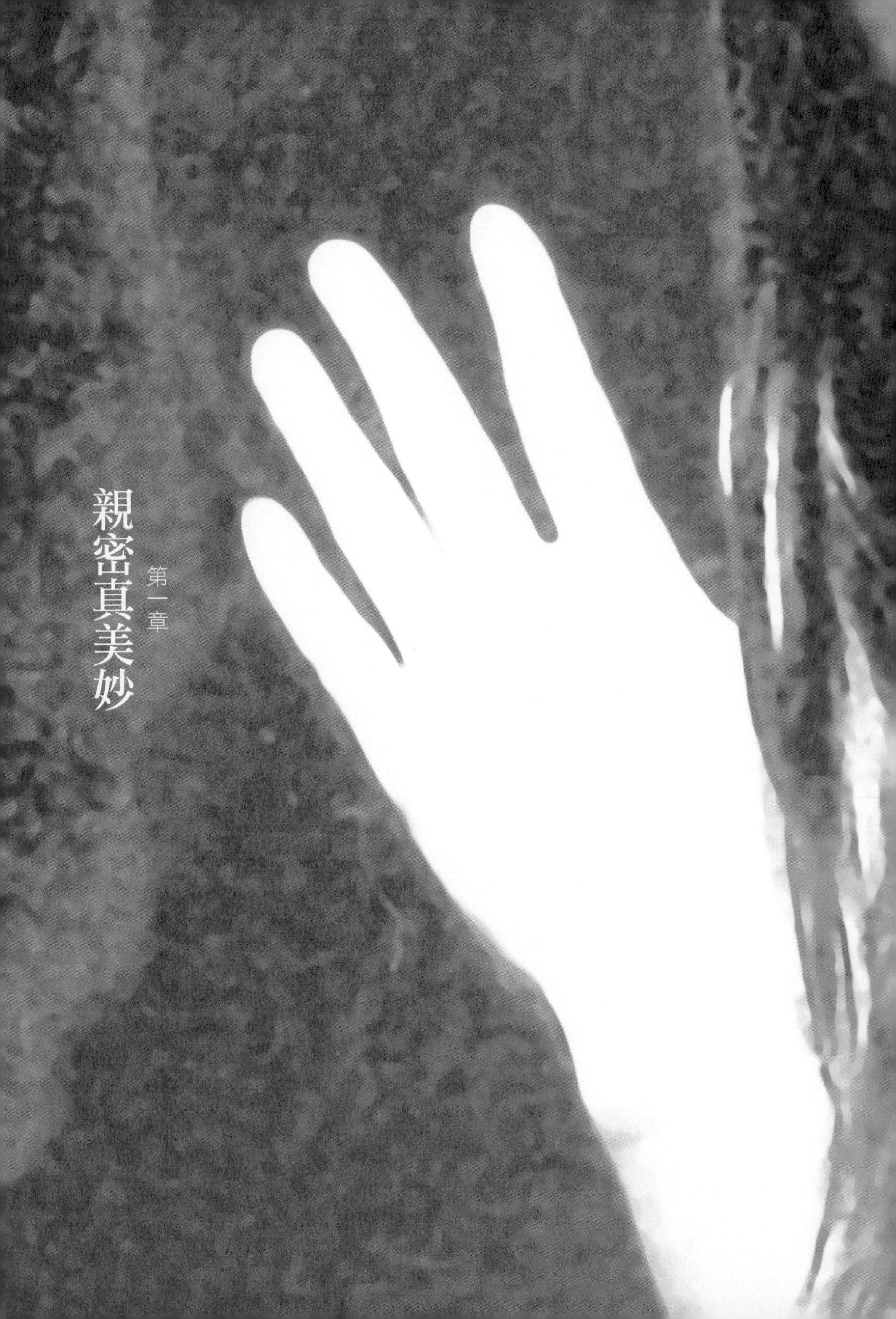

第一章 親密真美妙

「親密」是與生俱來，最美妙、幾乎是我們垂手可得的禮物。
人需要好的親密關係，就像植物需要陽光、空氣、泥土和水分。
「親密」是一個家的根本，不要怕親密，要怕的是不夠親密。

曾經在我家中有個聚會，與會者有位在大學教書的朋友，他看見一張我摟著兩個女兒、背景在花蓮鯉魚潭的照片，我這個爸爸流露出很滿足的眼神，眼光朝向遠方的天空，兩個女兒分別輕輕搭著我的胸膛，表情很明顯地沉浸在與我的親密關係中，有種安定的、幸福的、甜蜜的、一看就知道很和諧的父女關係。這麼美好的情境、很能代表我與孩子間實際相處的一張照片，看在這位朋友眼裡，卻讓他覺得不太自在，欲言又止。

他有這樣的反應，我不訝異，可能看過這張照片的人，有很多跟他有類似感受，只是未必會直接表現出那種不以為然的神情。

親密，是快樂的真正實現

我過去曾指揮過一個國中的管弦樂團，在某次練習過程中，突然有種情境讓我覺得必須跟學生傳達，便停下來對學生說：「這就是一種愛的感覺，就像你的父母或一對情侶相愛，他們互相親吻、互相擁抱……」就只是這樣起了個頭，都還沒說到重點，學生馬上一片嘩然，此起彼落地嘟囔著：「哎唷！老師你好色喔！」「老師你好變態喔！」我當下非常震撼，那是我從法國回來的第三年，我立刻反問他們：「同學們，你們是怎麼生出來的？你以為爸媽拍拍手就可以把你們生出來嗎？或者他們只是一起搭公車，你們就生出來了？」學生們露出很不好意思的表情。我繼續逼問他們：「你們告訴我，你們的爸媽色不色？有誰的爸媽是不色的，舉手！」沒人敢舉手。我接著對他們說，本來男女互相喜歡、父母因為相愛而結婚生子是很正常的，為何要對正常的事感到噁心呢？

在我們的社會，哪怕是大學教授或是一般國中生，大家對於「親密關係」很容易有不良的解讀。「親密」，這個最美好的禮物，應該是人們最容易得到的，卻在我們的文化觀念裡一開始就被扭曲、被拋棄了。

二〇一一年的春天，剛過完年，我們一家四口重回墾丁的凱薩飯店渡假。我們住的一樓房間，戶外有個可以露天泡湯的隱密空間。我跟太太在泡裸湯，兩個女兒，就像當年她們依然幼小的時候，一邊嬉鬧、一邊就跳進湯池裡跟媽媽玩成一片。她們一個二十五歲，一個二十二歲。

親子間的親密關係，是否真該隨著時間慢慢拉開距離？看到這張照片的你，又是怎麼想的呢？（應志遠 提供）

兩個孩子只有在青春發育期，因為對自己變化中的身體不熟悉，曾有過一段稍稍害羞的時期。我自己是完全自在的，但只要感覺孩子有一點點不自在，我不會故意挑戰她們的尺度。但在墾丁泡湯的那一天，我很清楚地知道一件事，兩個孩子的內在跟她們童年時仍是一致的，跟父母之間也是完全信賴、沒有緊張的。

那是快樂的真正實現，快樂在那個狀態下是不需要解釋的。她們和我們一起泡在湯池裡，咯咯地笑，無話不談，不需要遮掩。孩子從小就有的親密感，中間經過了漫長的過程，並沒有因為孩子的心理發展，而讓彼此產生了距離、對抗、猜疑。我們沒有疏遠它，也沒有刻意做什麼，只是沒讓這最初的親密感被污染而已，且經過了時間的洗禮，這種親密感變得更茁壯。

童年的親密回憶

對於親密關係，我有幾個特別的兒時回憶。

記憶中，我對「親密」產生明顯渴望的初次經驗，是在上小學前。我家附近有隻母狗生了一窩小狗，牠為了保護小狗，竟把小狗生在兩棟房子中間，很狹窄、大人完全進不去的縫隙深處裡。因為我夠小，可以鑽進去靠近母狗的窩，牠也肯讓我接近。我摸著柔軟的、身上還有一點乳香的小狗，心裡有一種很純淨的感覺，產生一股想要愛護牠的衝動。我跟小狗如此貼近，母狗很相信我，任由我抱牠的孩子，那是「親密」對我最好的一次回饋。

媽媽是個虔誠的基督徒，除了週日例行的聚會，某些週五晚上也會帶著我這個小跟屁蟲，來到安坑山上的胡媽媽家參加家庭禮拜。對那時候的我來說，覺得那是一段好遙遠的路，路燈昏黃，隔好遠才有一盞。冬天的晚上，和媽媽從山上一路走回家，我躲在媽媽的大衣裡，抱著媽媽的腿，把眼睛閉起來，我可以完全不看路，可以一無所知，只需感覺著走路的節奏，和媽媽一直講話。這是一段「幸福的時間」，當我再度張開眼睛，已經離家不遠了。這是我對「親密」非常清楚的記憶。

另一個親密經驗是讓媽媽幫我掏耳朵。我可以躺在媽媽腿上，摸著媽媽的肚子，讓媽媽搔我最癢的地方，這或許是我童年時代最享受的時光。

我一直有種渴望，要怎樣去給予一份親密感，讓對方知道我是多麼全心全意地愛他，但是我的成長過程中沒有這樣的機會。我想在家庭中建立真正的親密關係，讓「親密」成為一個家的基礎，這是我一開始就有的想法。因為，「親密」是信賴的第一層。

真的準備好，才生孩子！

根基於家庭的親密關係有兩種，一個是夫妻關係，那是親密的根本。

男女之間若是單向吸引，我稱之為「色慾」，雙向吸引則是「性慾」，這還只是出於生理的對應，當出現了心理的對應，那就有了「情慾」，彼此開始想要佔有對方。當生理、心理的對應都具備了，還希望內在的心靈能夠安定下來，進入到比較長久的關係，這樣的狀態我稱之為「愛慾」，對「愛」開始產生慾望。夫妻發展到「愛慾」這個階段，表示他們的親密關係已達到基本的成熟度，可以去孕育一個孩子了。

我結婚的時候雖只有二十二歲，然而我和太太已一起經歷過一些考驗。大學四年我們共度每一天，在心理和實際面上彼此依偎，我們對未來有計畫，我要準備考研究所，而她必須在經濟上支持我。在那樣的年紀，我和太太的親密關係是很強韌的。

我深深體會到，夫妻的親密關係是需要經營、需要調整、需要不斷地蛻變的。身體要健康，保持一定的美感與活力，生理上的慾望能夠保有；心理上則能溝通、彼此協調，對於未來有共同的追求，對家庭有憧憬，如此身心靈都俱足。

當一對夫妻生下了孩子，跟孩子間的關係天生就無比親密，隨著孩子的到來便同時發生、被給予了。當你餵養他、撫摸他、愛他，他就會靠近你、信賴你。你陪伴他，他就跟你很親，不會把你推開。

夫妻間的親密關係起於性的吸引力，卻因為願意彼此信賴，乃至於步入到愈來愈深的親密關係；而親子間的親密關係，卻是相反的走向，一開始是極度的完美、純粹，卻在經過五、六年或十多年後，無法通過心理上的磨擦、矛盾、衝突，父母與孩子便漸行漸遠。如果一個人不能經營好與配偶間的親密關係，又失去與孩子間的親密關係，那麼，他真的是把兩個美好的禮物都糟蹋掉了！

保持跟孩子的親密關係，不但可以滿足內在，甚至能讓自己的生命得到更新；而孩子因為和父母有好的親密關係，當他面對屬於自己的人生時，會有強健的根基，因為他內在的養分是足夠的，可以抵禦強風、忍受吹折。

無遮掩的愛，沒有任何顧忌

我從一開始就決定不要去遮掩我和孩子之間的愛。譬如，我們家很喜歡一起洗澡。有些人會說，孩子長到幾歲之後就不能一起洗，在我們家沒有這種限制。孩子在發育期的確比較害羞，自然不想一起洗，我們也不會勉強孩子，但是洗澡的時候孩子要進浴室拿東西，或是孩子洗澡時我們要拿東西，只要事先問一下，通常就可以進去拿，不必等到洗完澡。

我和大女兒啾啾在巴黎一起生活的第三年，曾經發生過一件事。那天啾啾剛洗完澡，我聽到她在浴室喊了一聲：「把拔，我……」接著便聽到她倒地的聲音。我猜想她可能因為貧血昏倒了，趕緊衝到浴室抱起她，把她放在床上，等她自然清醒。她是我的小孩，她昏倒了我當然要馬上處理，難道我還要打電話找救護車，請護士來幫我女兒嗎？

我是她的爸爸，她小時候便秘，五、六天解不出大便，就是我幫她把大便摳出來的。那時候，我不害怕她，她也不害怕我呀！

這件事讓我知道，我跟孩子之間依然沒有害怕。當啾啾昏倒的前一刻，她希望爸爸趕快來救她。當她醒來之後，並不覺得爸爸不能這樣幫助她。

小女兒比嘎跟我的親密也是沒話說的。去年她到巴黎之前，有幾次洗完澡裹著浴巾準備回房間，探頭看見我躺在床上想事情，而她正想找我說話，就過來躺在我旁邊。這種親密是自然

教養就在生活中。父母的親密，會讓孩子更快樂。

而然的，我們不會害怕彼此的身體，身體的親近反而是一種加分。親子間不需要正襟危坐才能談事情，在我們家，任何時間、任何狀態，大家想聊就聊，百無禁忌。

我們家就是一個小天體營，一個小伊甸園。

對於親密這件事，千萬不要因為有許多的隔閡與顧慮，以至於生活中一些很基本的照顧，生命的相互扶持，都不敢去做。我相信，如果將來有一天我這個老爸生病了，尿褲子了，我的女兒們必須幫我換床單，必須碰到爸爸的身體，她們肯定是不害怕的。但在我那個世代，我跟母親或手足之間，大家心裡都有一堆的害怕。

我們家沒有固定的睡房，也沒有幾歲之後就必須自己睡這件事。雖然孩子各有自己的房間，有時孩子特別想跟媽媽睡，那就她們睡床上，我一人睡床下；有時兩個孩子想一起睡大床，那就我們夫妻倆睡床下。孩子想跟誰親近，想跟誰睡，完全不設限。

我心裡一直很明白一件事，如今也從女兒身上得到驗證：當孩子的內在愈安全，對父母給她的愛愈了解、愈有信心，當她知道自己終將走向獨立自主的生活，她愈能義無反顧地為自己的人生負責。孩子不會因為跟父母很親密，就永遠膩在父母身邊，因為親密不是溺愛，更不是在家人間製造秘密。只有完全地坦誠，才是親密展現的素質。

祛除「性」的頑念

在我們的文化裡，不管是道德的因素，還是傳統禮教的影響，某方面來說不太能夠承認人性，甚至鄙視人性，尤其是對「性」的壓抑，反而產生許許多多妄想。假如這種壓抑，日後未能透過穩定健康的親密關係來得到適當的滿足、宣洩與了解，久而久之，就會變成一種頑念。

我從小就知道自己「必須」是一個很道德的人，不可以有一點逾矩；可是我偏偏對美麗的女老師、漂亮的女同學會產生喜歡，以前上教會只要講大道理我就聽不太進去，可是一聽到《聖經》上大衛王偷看別的女人洗澡的故事，就覺得很有趣。

我自認很幸運，遇到了我太太。我是一個渴望探索人性的人，透過跟她的親密關係，我擁有一個談心的對象，對於「性」的頑念多多少少得到化解。

當我生養了兩個女兒，更充分體認到，男女之間極度親密卻唯一沒有性的因素的，就是親子之間的關係。我常覺得人不敢去碰觸親密關係，是因為怕跨越界限帶來的許多恐懼，於是也害怕碰到孩子的身體。「性」的頑念，污染了原本純淨的親子關係。

我的孩子如今已長大成人，在他人眼中，她們都是美麗的女子。當我看到孩子的身體，我的感覺是：啊！妳們長得很健康！看到妳們健康就好開心！對我來說，那個身體就是我孩子的身體，純潔如初。

相較之下，男女間有「性」成分的關係，還是比較緊張一點的，也需要經營才能擁有，不若親子間的親密是自然擁有。

親密，是美好的積存

「親密」有時會產生意想不到的效果。

譬如，孩子的床邊總有許多玩具或布娃娃環繞，以前每天睡覺前，我都鼓勵孩子跟她們心愛的玩偶一一道晚安。平常不特別覺得孩子親近這些玩偶有多麼重要，可是真的有一天晚上，爸媽沒辦法趕回家陪她們入睡，這時孩子就會發現，過去她對玩偶們付出的愛，在這一刻都得到回報了。哪怕是沒有生命的娃娃，只要積存著對它們的愛，當孩子寂寞的時候，這些心愛的朋友們都會對著她微笑。

更何況是家人呢？來自父母的一個擁抱、一聲安慰，便能喚醒孩子過去對於親密的印記，過去帶給她們安定感的能量。「親密」是一點一滴的積存，可以任她們隨意支領利息，受用不盡。

孩子身上有了足夠的「親密」積存，當她們必須走出家門，面對殘酷競爭的世界，即便是軟弱的時候，只要看看父母寫的一張卡片，和家人合影的一張照片，或是爸媽打來的一通電話，

兩個環抱的人，和諧而圓滿。這件木雕作品最能詮釋我對親密價值的感受。

也就夠了。

關於親子間的親密關係，還有一樣，叫「無話不談」。

我們家的談話，倒不見得有什麼具體的事情，或是一定要特別鄭重地提出，得到支持或解決，而是家人一見了面，就好像生物間的對鳴般，就是吱吱喳喳的講個不停，可以隨時開始，有其他事要做也可以隨時結束。我們也可以一邊做自己的事，一邊笑鬧閒聊，做出耍寶的動作讓對方笑翻。「無話不談」是我們家一個特殊的氛圍，一直到後來我才知道，別人家通常比我們家要安靜許多。

現在哪怕孩子從法國打電話回來，像流水帳似地講她一整天的生活，我們還是聽得很有興味，喜歡與她們對應。「無話不談」常會激發出很美妙的效果，彼此勾引出更多有趣的見聞與回應。透過似乎不很實際的聊天，反而容易開始或切入到比較深層的對話。「無話不談」，是我們家親密關係的一部分。

「親密」不可怕，該怕的是「不親密」

「親密」除了是一種積存，也可以讓生命變得很柔韌、很溫暖。

我的姊姊們年長我許多，也有機會接受到在當年很新潮的西方教育觀念，像是父母會訓練孩子從很小的時候就自己睡，孩子哭了也不要馬上理他，幾次之後，孩子發現哭也沒有用，就漸漸不哭了。

當年才念高中的我，聽到這樣的理論，覺得真是殘忍。我告訴自己：將來絕不對孩子做這樣的事！

孩子因為肚子餓哭了，而他發現即使哭到聲嘶力竭也沒有人理會，或許他就學會要忍耐；如果孩子尿布濕了，卻始終沒有人來幫他換，或許他就會適應不舒服的感覺。有些養育觀念之所以能夠被執行，並不是因為它是對的，而是人本身就會產生這種機制——適應。

用親密餵養孩子，也等於幫孩子和整個世界搭建起友善關係的橋樑。（應志遠 提供）

一個成長中的孩子，假如他慢慢發現不管自己怎麼表達，最後並不會得到正常的關懷與所需的溫度，他會去適應這種狀態。但這是一種令人感傷的狀態，是非常不健康的。

給予孩子冷酷的環境，他的內在便形成一道防禦，他得跟自己的感覺說No，因而長成一個冷漠的人，不但對自己的感官與感受冷漠，將來也會對別人冷漠，對這個世界冷漠。因為他知道，如果認同了自己的痛苦，卻又無法改善，那將是更巨大的痛苦！

「漠視」，會讓孩子的心長出一層厚厚的繭。

當父母漠視孩子因為需要而發出的哭聲，孩子的身心會漸漸鈍化他的敏感度，因為他沒辦法改變這樣的不舒適感，只好去鈍化它。當孩子得不到必要的溫暖，他也會自動發展出一套心理詮釋來自圓其說，以減輕心靈失溫的痛苦，不但變得早熟，而這樣的「自我解釋」更會擾亂他跟整個世界的接觸，阻塞了快樂的源頭。

孩子的心需要父母的親密來餵養，就跟孩子的身體需要食物餵養是一樣的道裡。不要害怕跟孩子親密。親子之間信賴感的建立，正來自於父母真正的陪伴，陪伴當然包括完全地親密。

父母的親密，讓孩子更快樂

我在去年當了舅公。

長我十四歲的大姊，長年身為企業家夫人的她，目前極享受為人「奶奶」這個角色。我和大姊一家的淵源頗為深厚，大姊的公婆對我非常照顧，尤其當我考上師大附中後，鄰近學校的大姊家幾乎讓我三天兩頭去吃飯打混，有時乾脆住了下來，像是我的另一個家。

高一時我迷上了小提琴，下課後常在大家姊練琴。初學小提琴的那個階段，對旁人是莫大的折磨。記得有一回，大姊夫忙了一整天下班回來，又聽我咿咿呀呀地拉不成調，索性把我的琴要了過去，當場拉了一首「荒城之月」給我聽。

大姊的小兒子小多，那時剛出生不久，雖然我從國一就被激發出想當爸爸的念頭，卻是頭一次真正嘗試接觸一個小孩。我喜歡抱著他，帶他玩；等他大一點的時候，即使站在比較高的地方，他也毫不猶豫地縱身飛向我的懷裡。小多是個很快樂的孩子，如今的他也當爸爸了。

Phi-phi 是小多的長女。自 phi-phi 出生以來，我可能是第一個跟她直接有眼神接觸的大人，此後每次到他們家，phi-phi 都好有反應、好開心，彷彿一下子被啟蒙了。大姊發現後，更希望我這個舅公有空就多來家裡走動。透過 phi-phi，也喚醒了我塵封多年、那些曾讓我兩個女兒度過極快樂童年的種種本領。

某一天晚上，我又到大姊家逗 phi-phi 玩，和她的父母一塊兒。一開始是 phi-phi 的媽媽在旁邊陪著，後來 phi-phi 的爸爸小多也移開他的電腦，靠近 phi-phi 的媽媽坐下來，腳快要碰到 phi-phi 的媽媽但沒有碰著，這樣親近的距離，顯然是一對戀人才會有的，而 phi-phi 正好就坐在父母環繞的範圍裡。當父母這麼親密的時候，我發現 phi-phi 顯得更開心，我立刻提醒這對年輕夫婦：「有沒有發現，父母的親密，讓他們的孩子變得很快樂？」

那種快樂，是我怎樣都逗不出來的，也是其他人無法給予的，只有父母能給。

孩子的胚胎在媽媽子宮裡經過九個多月的孕育，然而孩子的心靈更要在父母的親密關係中繼續滋養。千萬不要在孩子還沒準備好的時候，為了讓他們比較堅強、比較理性，而剝奪了他們應該得到的親密。

啾啾、比嘎小的時候，有時媽媽或我必須外出教學，她們捨不得和我們分開而哭泣，儘管我們一再解釋，待會兒就回來，她們還是傷心不止，我就會一直抱著她們、安慰她們，孩子往往哭到睡著了，而她們一定是睡在我的懷裡。

我用很多的親密來餵養孩子。我們家兩個女兒吃得不多，但她們從小吃「親密」則吃得非常飽足。

親密，讓孩子勇於獨立

孩子和父母建立的親密關係，正是他們將來跟整個大自然、整個世界建立起友善關係的橋樑；當他跟另一個人、另一個小生命建立起親密關係的時候，也會比較容易。

教養孩子最困難的地方，是生命的每一個階段都有不同的需要。當孩子很小的時候，如果他錯過的是「親密」，便是錯過了最重要的事情！在孩子很小的時候，如果做父母的一心想養成他的獨立性，那我真的要說，這樣的父母是弄錯時間、搞錯重點了。

親子間的親密關係，是從天而來的一份禮物，錯過了並非不能彌補，只是會很辛苦。有些人自覺跟孩子很疏遠，不是他現在不夠努力，而是過去他在孩子還小的時候錯過了。

對於「親密」這件事，我永遠不停息。只要覺得爸爸好想妳們，我就和孩子們互相擁抱；有時孩子看我身體不舒服，她們也會過來抱抱我。「親密」是親子間非常重要的基石，即使將來產生誤會、摩擦，從小建立的親密感會成為一道保障。

儘管放心，孩子不會因為與父母非常地相愛、親密，將來就不能獨立；相反地，當孩子和父母的聯繫是這麼深的時候，有一天當你對他說：「孩子，以後你需要自己做決定，去適應環境、忍受孤獨。」他們的回答會是：「爸爸，我願意！」

「親密」會讓孩子勇於獨立，因為他的內在豐腴而飽滿，可以接受冰雪風霜。

假如你有福分擁有人世間無比美好的親密關係，誰會想去破壞它呢？

我非常讚詠親子間的親密關係。我要說：親密真美妙！

親密關係恰如絕美的和聲

推薦曲目：莫札特豎琴與長笛雙協奏曲、貝多芬第十三號弦樂四重奏、鮑羅定第二號弦樂四重奏

莫札特豎琴與長笛雙協奏曲，是一首禮讚愛情的經典名曲。愛情充實婚姻，親密孕育家庭，曲中處處洋溢兩情相悅的綺麗風采，既端莊又愉快。第二樂章最能體現琴瑟和鳴的意境，宛如一曲愛的真諦。

「貝多芬第十三號弦樂四重奏」（作品一三〇）共有六個樂章，像是一則故事的六個段落。其中的第三樂章（流暢的行板）和第四樂章（很快的快板）好似家人之間親密的對話和玩樂，也是一幅愛的景象。親密感是古典音樂很重要的質地，複聲部細膩地交織成為整體之美，甚至達到靈性的氛圍，憑藉的多在和聲。詩意地說，和聲就是音和音之間的親密關係，在不斷地磨合當中如蠕向前，激越出美妙的梵聲，止於至善。

「鮑羅定第二號弦樂四重奏」的第一樂章，正好將如膠似漆的弦樂之美、和聲之美與親情之美同時呈現無遺，也值得在此推薦。

第二章 一路玩到掛

懂得「玩」，就是靈感要冒出來了！
「玩」是一種本能，是種種潛力需要施展的時候所表現的一種行為。
要能不打斷孩子的玩，還要跟孩子一起玩。

小時候，「玩」是我生活中最重要的事。

那個年代的物質條件雖然匱乏，但是我對於「玩」的體驗，從「玩」得到的快樂是飽足的。有玩伴時就跟大家玩，沒有玩伴時自己也能找樂子，甚至發明一些東西來玩。我在童年就充分體會到，人在玩樂的狀態下，已是別無所求。

能玩，就擁有原始的快樂

有一年，爸爸帶我到大同水上樂園玩，那大概是我童年時代玩得最震撼的一次。有一個類似雲宵飛車但會先衝到水裡再上來的設施，我非常喜歡，心裡知道不可能再去玩，於是回到家後，我便尋找材料，最後找到一個菸灰缸，兩側各有三個凹槽，我再把筷子串起來黏成長長的軌道，最底下放個裝了水的臉盆。我把菸灰缸倒過來架在筷子上，菸灰缸便順著筷子做的軌道從高處滑下來。這個陽春的自製玩具，可以讓我不斷地重溫在大同水上樂園的那個愉快經驗。

「玩」就是我的生命基調。譬如，我在社區大學教古典音樂欣賞，每當在課堂上朗誦起詩文的時候，我可以完全投入到扮演古人的狀態，並且樂在其中。我小時候所做的每一件事都充滿了興味，都是在玩，直到現在，仍時時處於「玩心」裡。「玩」是無價之寶，所謂「童心未泯」，其實就是「玩心未泯」。

「玩心」還在，於是「童心」還在，也就愈能夠脫離物質上的追求。以前的人是被饑寒所困，現在的人則被慾望所惑，一個人若是被困苦或慾望夾擊，一生就沒有餘裕來「玩」。

念大學時，我有個很可愛的家教學生，從他小學三年級一直教到讀國中。他上了國中後，有一天我問他：「最近都去哪裡玩啊？」沒想到他竟然很嚴肅地回答我：「不能玩，我已經把玩戒掉了！」我當時聽了嚇一跳。「戒掉」，這兩個字對我來說太不可思議了！

對於「玩」，怎麼會用到「戒掉」這兩個字呢？

我們說一個人「玩世不恭」，似乎是指對生命的態度不夠嚴肅，可是我卻主張：人生就是要「一路玩到掛」。

一個沒辦法玩的人，他的生命便已失去最原始的快樂。

有一部電影就叫「一路玩到掛」，講的是得了不治之症的一貧一富兩個人，富人承擔了窮人所需的龐大花費，兩人一起去完成生前最後的夢想，這些夢想都跟玩有關，他們的人生也在玩樂中劃下美好的句點。

這部影片所呈現的「玩」建立在高昂花費上，但對我來說，真正的「玩」跟經濟條件無關。

孩子是天生的玩家

「玩」是人類根本的能力，根本的需要。

一個人的內在有著種種不可限量的潛能，這些潛能都在尋覓它的出口，想要施展自己、鍛鍊自己，每一種潛能都想冒出頭來，整合成為更強的能力。這樣的能量與熱情，正是人類進化的原動力。這個原動力催促著我們去嘗試，而每一次的嘗試都讓內在的潛能得到一次施展的機會，表現在型式上，我認為就是「玩」；表現在情緒上，就是一種「快樂」的感覺。

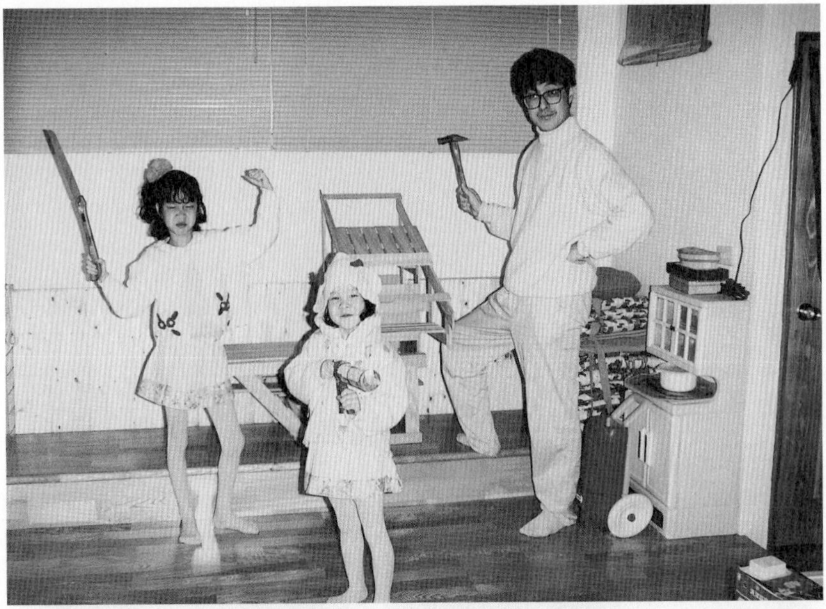

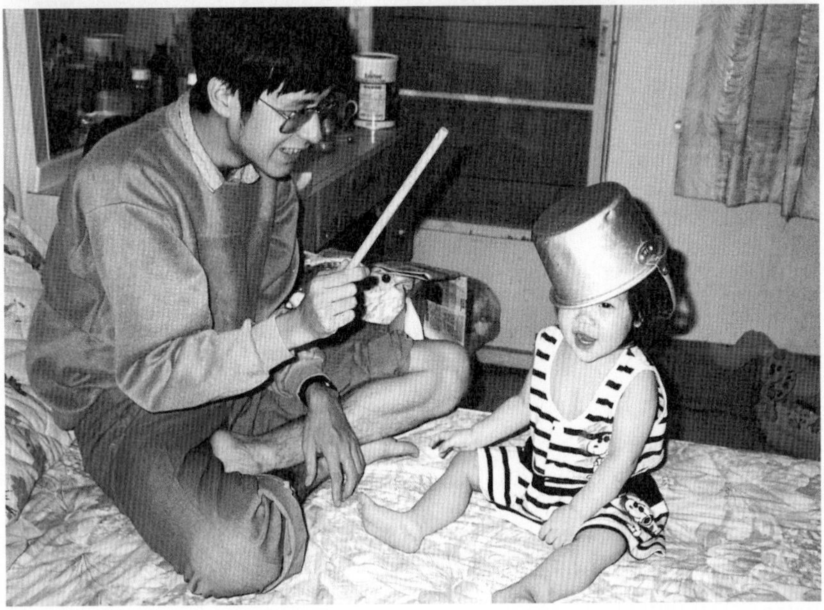

玩心還在，於是童心還在，創造力的接收器也將保持暢通。（應志遠 提供）

我很喜歡觀察小孩。不管他是去探索，克服了一些小小的困難；或者展開一點冒險，做一些嘗試的動作；或者只是靜靜地觀察，都會帶來淡淡的喜悅。當孩子靠近對他真正有利的事物，他會顯露出滿足與快樂。

可以說，小孩子是天生的玩家啊！

「玩」是不用教的。即使是小嬰兒，只要解決了生理上的饑渴，排除了尿濕的不適感，其餘所有醒著的時間，都可以存在於「玩」的狀態。他會想要捏捏看、踢踢看、咬咬看，對於炫麗的顏色很有反應，喜歡去感覺，充滿了好奇。這就是玩！隨時都可以玩！

我念大學時的班導師戴洪軒，是精采絕倫的一號人物，據說「乖乖」的廣告歌就是他的代表作。他也是個非常愛玩的人，我從學生時代就跟他十分投緣。後來他出了一場嚴重的車禍，身體變得不太好，最後因中風過世。在他人生的最後七、八年，我常常陪著他。他講過一句話，我覺得很經典。有一次他又對師母嚷著要玩，師母就問他：「你還要玩！你要玩什麼啊？」戴老師很認真地說：「玩就是玩！」對他來說，「玩」就是一個本質的東西，還要怎麼去分析它嗎？

玩，一種接收靈感的狀態

「玩」是一種接收靈感的狀態。順從靈感的每一個動作，就是「玩」。

每一個靈感都像是一張骨牌，而「玩」就像推骨牌一樣，順著每一個自然而然升起的靈感而為，一個接著一個，牽動著下一個靈感，把你帶到非常極致的狀態。這是我所謂的「玩」，不是那種需要戒掉的「玩」，也不是電影「一路玩到掛」裡高物質條件下的玩，更不是玩股票、玩女人的那種「玩」。

小的時候愛玩，生了孩子後帶著孩子玩，很多時候我都是帶著「玩」的心情在工作，包括編教材、教學生小提琴、指揮樂團。就算表面上看起來不像在玩，然而那種無時無刻不讓靈感引導行動力的狀態，就是「一路玩到掛」的寫照。

事實上，我父親就是「一路玩到掛」的人。

父親很懂得「玩」的真諦，尤其自他退休以後，到他生命的最後幾年，可說是天天在玩。他玩什麼呢？他喜歡剪報，依照不同的主題分類，然後貼到本子上，做成一本本專輯，這樣的剪報已有上百本。對他來說，快樂就是把感興趣的、美好的圖片資料蒐集起來。

有機會的話，他也會跟著我一同到山裡去拔拔花草，吃吃美食。即使到了人生的最後一刻，父親躺在醫院裡，他一看到我，還是開心地用著微弱的聲音，問我什麼時候帶他去海邊吃海鮮？我說：「你走得動的時候就去。」他說：「那就現在去吃吧！」

從父親身上，我看到：一個人能夠一直活得這麼有興味，是一件幸福的事。

為什麼有些人就是沒辦法玩呢？我發現，如果小孩子的玩興不斷地被大人給打斷，關於「玩」的靈感，在某個年齡時間點上便會中斷了。他無法活在「靈感」裡，而是活在「計畫」與「規範」中。

「玩興」值得好好把握

有個我經常用來自我警惕的例子。某天我到一所國中的音樂班教琴，一樓的教室有學校附設的托兒所，那時剛好打下課鐘，只見七、八個孩子興沖沖地準備衝出教室去玩，我立刻感染到他們的快樂，但說時遲那時快，一個老師突然用嚴厲的聲音大吼：「不要跑！」原本跑得很快的孩子們，一瞬間都變成了慢動作，連快樂的程度也跟著 down 下來，孩子們臉上的光采在剎那間也都消失了。

我們整體的教育環境裡，似乎並不喜歡看到孩子被快樂沖昏頭的樣子，總覺得孩子會失控、會危險、會不禮貌、會干擾到別人。我們的教育事實上制止了孩子的快樂發生，而不是去支持孩子的快樂。

我在法國巴黎時住在北邊的郊區，那兒有個佔地將近兩百多萬平方公尺的平民式大公園，如

盡量滿足孩子對於「玩」的邀約，跟孩子一起玩吧！（應志遠 提供）

果一平方公尺站一個人，等於要過半的台北市民同時站出來才可以站滿。公園裡有個很大的人工湖，我常常在湖邊散步，看到許多父母讓他們的孩子騎著越野腳踏車，在緊臨湖邊的水泥設施上做出許多看似十分驚險的動作，但從未見過有人出面制止。我相信偶爾還是會有孩子摔下、受傷，但只要孩子肯玩，不涉及生命危險，大概父母都會讓他們盡情地玩。

有一回我又去散步，那天沒什麼人，只見一個爸爸帶著剛學會爬的孩子，一起趴在地上，孩子想要爬到不同的地方，爸爸就會先一步擋住他的去路。每一次孩子撞見爸爸，便笑得樂不可支，笑聲之嘹亮，彷彿充溢了整座公園。我看到孩子的媽媽在遠處，看著爸爸把孩子逗得這麼開心，也笑得好燦爛。這麼快樂的三個人，真正快樂的源頭來自於孩子，當爸爸懂得讓這個源頭不斷地湧現能量，自己不但享受到快樂，媽媽也享受到快樂。

法國人普遍地知道，孩子的這些能量不但不要阻撓它，還要誘發它，使它源源不絕。「玩」的靈感若能一直保持住，那麼「玩」本身便自然成為他性格的一部分，到那時候，父母也就無須從頭陪伴，孩子自己會遵循著這種感覺去玩，也容易置身於快樂中。

如果孩子對一件事物的玩興可以持續，就讓他充分地玩吧！等到玩興消退，自然又會被其他的事物吸引，沒有必要去打斷他。

啾啾小時候曾做過一件事，讓我們整個家族都很開心。那時我正在寫碩士論文，趁休息的時候抱著她玩，一歲多的她突然用「小星星」的曲調，發出「耶耶窩窩耶耶窩……」的「自編歌詞」，一邊哼唱，一邊手舞足蹈、搖來晃去。我很享受地聽著她唱，突然她停了下來，我倒吸了一口氣，有點驚訝她怎麼不唱了？沒想到她看到我的表情，咯咯咯地笑了起來，然後又開始唱「耶耶窩窩耶耶窩……」。這次她提早停下來，我又露出十分吃驚、一副「怎麼停了？」的表情，她又大笑。反覆幾次之後，媽媽從外面回來，我跟她分享方才發生的事，她便也一起加入。啾啾又唱起「耶耶窩窩耶耶窩……」，我們就很認真地聽，只要她一停下來，我們總是露出吃驚的表情，然後包括啾啾，全都笑得人仰馬翻。從此以後，包括外公、外婆、阿姨等一群大人，每當圍繞著她，隨著她的歌聲搖頭擺腦，只要她一停，每個人都誇張地做出各種驚訝的表情，大家都開心得不得了。這樣的快樂，完全不需要任何努力就可以達到。

「玩」是如此輕而易舉就可以實現，還可以持續這麼久。這一種本質的快樂，就讓它不斷地發生吧！

把「玩」照顧好，就是在長養靈性

「玩」，在我們家一直是被好好呵護的。

有一回，我們父女三人路過一家寵物店，裡頭養了許多條蛇，老闆把一尾三點多公尺的蟒蛇

拿出來，啾啾、比嘎好開心。老闆保證這條蛇絕不會咬人，又讓她們去摸蛇的皮膚，我原本有個約會，看到她們如此興致盎然，就和她們一起跟那條蛇玩了好久。她們當時是四、五歲和七、八歲的年紀，抱著蟒蛇沒有任何恐懼，還玩著其他各種蛇。後來媽媽知道姐妹倆的手都摸過蛇，簡直嚇壞了。

只要是輕而易舉就能做到的、過程是快樂的，我們就盡最大的可能陪伴著，讓她們完全盡興。當孩子的這種玩興持續到青少年階段，接受「玩的靈感」的通道就會永遠留住。這是我們夫妻非常有意識在做的事。從孩子一張開眼睛，只要「玩」這件事發生了，我們就給予

搞怪、扮鬼臉，可是兩姊妹的快樂絕活。（應志遠 提供）

鼓勵、給予支持。

假如孩子們在某個地方會讓她們比較快樂，我都會盡可能徵求在場人的同意，讓她們玩的狀態持續愈久愈好。像是待在朋友家裡久一點，或者在外頭多玩一會兒，即使延後回家的時間，我都願意。

孩子長大後，很喜歡約朋友到某個主題樂園玩，我們也一起去過許多次，仍是樂此不疲。她們可以從中午一直玩到打烊，傍晚以後是她們最開心的時段。有一次到了晚上七、八點，遊客已稀稀落落，兩姊妹還要去坐海盜船。整個海盜船上沒有其他人，姊妹倆就一人坐一邊，盪到最高點的時候便高舉雙手歡呼，既刺激又恐懼，很孤單也很興奮。你會發現，孩子只要玩到某種極致，她們的感知是開啟的，她們的眼神異常明亮，笑聲分外暢朗，和人對話的時候非常有感應。我們需要做的，就是不要去阻礙她們。

我可以篤定地說，只要把孩子的「玩」照顧好，真的玩到盡興，那麼她們不太需要很多的物質條件，就能處在很快樂的狀態，也比較容易進入精神層面，不會被慾望牽著走。

很多認識我們家女兒的人，都知道她們真是太容易快樂的兩個人。好比碰在一塊兒，姊妹倆就喜歡扮鬼臉，而且完全不怕醜，就算去買面具，都不可能買到比她們倆扮得更爆笑、更恐怖的鬼臉了。對她們來說，快樂俯拾皆是。

每年我們都會撥出時間到墾丁的凱撒飯店度假，有時一住就好幾天。在飯店裡，兩個女兒會邀我們一起玩「心臟病」的紙牌遊戲，我們通常不用本名，而是依據當時個人的特徵，取個很拗口的代號。譬如，媽媽叫「肥奶大肚皮」，愛流鼻涕的比嘎叫「髮菜鼻涕羹」，諸如此類。因為玩的時候很緊張，一旦叫不出對方的名字，總會露出十足可笑的表情，而光是看到對方的樣子，就笑到肚痛。像這種不用大腦的遊戲，時常出現在我們家的生活中。

「玩」是很有層次的，它其實是創造力的來源。人在遊戲的過程中，會去統合自己的各種能力，可以玩得非常有創意，不管是探索、冒險、表演、操作工具、創作，連挑戰也是一種玩。「玩」的型式包羅萬象。

千萬別讓靈感的管道阻塞了！透過「玩」，可以保持靈感的管道暢通。

不要「陪孩子玩」，要「跟孩子一起玩」

我們家女兒的玩具非常少，有些玩具還是因為我自己想玩而買的，像是樂高積木。兩姊妹最愛玩的遊戲是「體操」，一些朋友看過她們的體操動作，直呼有選手級的水準。大女兒啾啾對體操的熱愛，讓她在巴黎時自告奮勇地擔任台灣和中國體操隊的翻譯，只為了和這些頂尖的體操好手們有近距離的接觸。

自從看過「與天比高」這部電影之後（講的是羅馬尼亞青少年體操選手一路過關斬將，最後贏得奧運金牌的勵志故事），姊妹倆就迷上了體操，那時啾啾念小學二年級，比嘎還沒上小學。

她們實在太喜愛這部片子，幾乎每天看到爛熟不說，還想扮演電影裡面的角色，這樣還不夠，姊妹倆甚至自發地練起體操來。一開始，她們會利用家裡的床墊做為保護措施，等到動作愈來愈純熟，就把床墊移開，直接在地板上做動作。除了側翻，還有不少有難度的動作。到後來，她們還希望父母也能加入玩的行列。

她們模仿起電影裡的情節，演出參加奧運比賽的場景，啾啾扮演羅馬尼亞的選手，比嘎扮演白俄羅斯的選手，當她們分別代表兩國選手進場的時候，我們夫妻就分別幫她們掌旗。正式地繞了好幾圈後，我跟媽媽就趕快把旗子丟在一邊，改演裁判的角色，而且分數一定要給得很恰當。比賽必須有輸贏，不能完全偏袒哪一方，我們就要演出那種非常掙扎、難以取捨的模樣，姊妹倆也真的很緊張，等待著分數揭曉的那一刻。

我們夫妻是這麼投入地和她們「玩」，認真地當做一回事來參與。我們並不是在一旁「陪孩子玩」，而是「跟孩子一起玩」。

陪孩子玩，不打斷孩子的玩，只要孩子想玩，在許可的範圍內盡量通融，並創造出有利於玩的環境，以便讓孩子的玩能夠持續下去，這是我們一直在做的事。

我們也盡量滿足孩子對於「玩」的邀約，甚至幫她們克服一些困難，或者製作一些道具，讓「玩」更為容易，讓「玩」的品質更高。

我們曾買過一套兒童保齡球組，孩子把球丟出去擊倒球瓶後，再自己跑過去把瓶子擺好。這樣重複幾次，我覺得不太有意思，於是主動扮演一個專門把球運送回來的機器人，不但模仿機器人規律的動作，把撿回來的球直挺挺地送到孩子的手上，還把球瓶一一擺好，這可讓孩子們玩這個遊戲的樂趣大大地提升。

對於「玩」這件事，我們家的孩子不跟隨流行，也不崇尚昂貴，她們都知道，「玩」就是自在地做自己想做的事。現在她們長大了，對啾啾來說，每天做瑜珈就是她最喜歡的事。

差不多跟練體操同一個時期，姊妹倆也喜歡跳芭蕾舞，於是我把一樓的空間整個清出來，幫她們找了一位北藝大的學生來家裡教她們。這位家教老師說，從沒看過這麼開心又跳得好的一對姊妹。

喜歡自己的身體，喜歡操作自己的肢體，我認為這種喜歡是無價的。

以前我偶然買了一隻鳥，發現她們姊妹倆很喜歡，從此四、五年的時間，直到她們國中畢業，

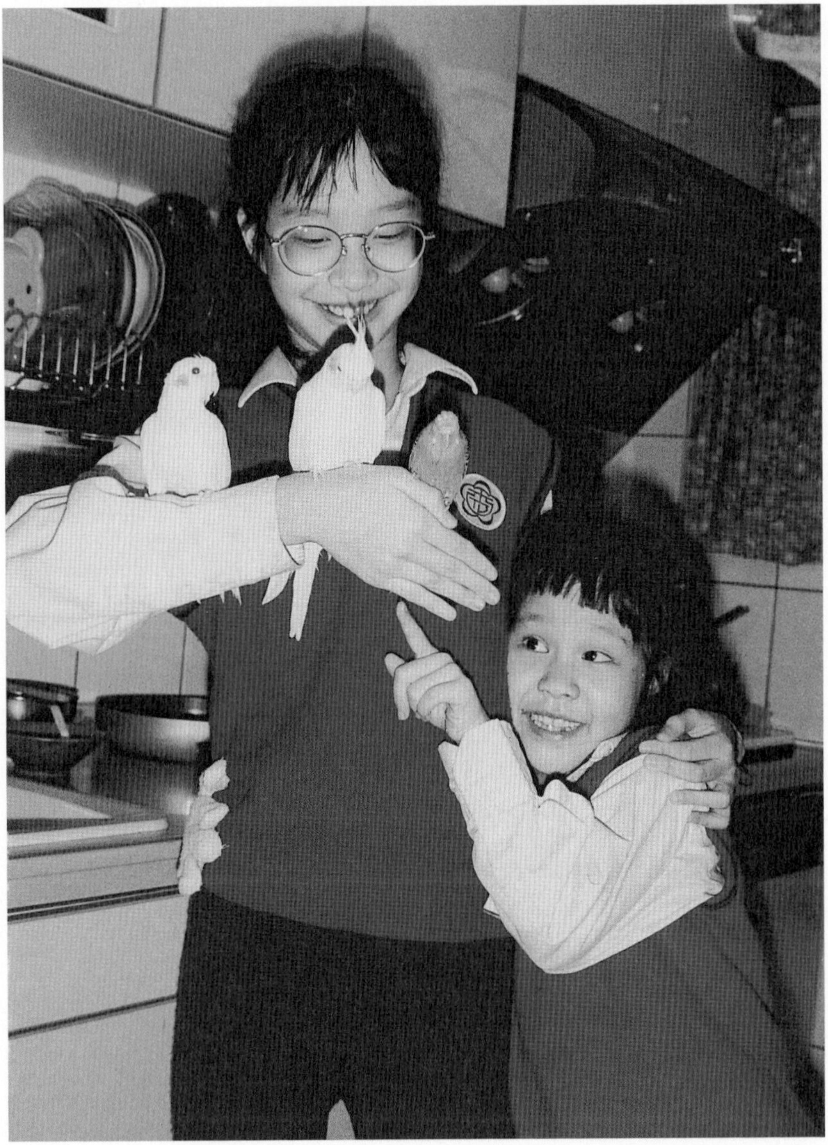

我們家養的鳥也很自由自在。將「玩」這件事照顧好，家裡就會滿布笑聲。（應志遠 提供）

我們家一直有養鳥，還蓋了一間四層樓的「鳥別墅」。啾啾曾經因為太愛她的鳥，甚至去嚐鳥大便是什麼味道。

我們家養鳥，是把鳥全部放出來讓牠們在屋子裡飛，到了晚上再把鳥抓回籠子裡去。我們還發展出一套方法，確定鳥飛到了窗邊緊緊抓住百葉窗時，媽媽便立刻把燈關掉，其他三個人就趕快去抓，鳥雖然會啄我們的手，有點痛卻不會受傷，大家都是一邊笑，一邊把鳥抓回籠子裡。

我們家總是充滿了笑聲，因為孩子們總是在玩！

「玩」與「親密」也是相輔相成的。以前我常扮演蠻牛的角色，兩個女兒分別騎在我身上，我得設法把她們頂下來。通常啾啾被我一頂就笑翻，一下子就跌下來，但是比嘎在玩這方面好勝心強，她會使盡全力，甚至整個人已經倒掛在我肚子下了，都還堅持不鬆手。等她們玩到累了，需要休息了，父女三人就會抱在一起。從動到靜，此時此刻讓我感到沒有煩惱，與孩子們格外親近。

直到現在，看到兩個女兒還是那麼愛玩，我知道，快樂離她們是非常近的。

「親密」和「玩」，都是一個家庭教養的根本。

親子聽音樂

得意忘形的玩、樂盡天真的玩

推薦曲目：舒伯特鋼琴五重奏「鱒魚」、舒伯特鋼琴與小提琴幻想曲、孟德爾頌小提琴協奏曲第三樂章

探索、發現、歡欣、同樂，在玩興中捕捉靈感，分享時儲存能量。舒伯特熱愛友誼，在創作裡遊戲，不忮不求、樂盡天真的性情，聽他的鋼琴五重奏「鱒魚」流露無遺。

蘇東坡謫居黃州，際遇堪悲，仍不忘遊山玩水，寄情於詩賦，達到「飄然脫去世俗之樂而自樂其樂」的境界，這境界也正是舒伯特音樂人生的寫照。西元一八二七年，舒伯特在過世的前一年譜下了一首鋼琴與小提琴幻想曲。不知死之將至的他，把快樂推往「超凡入仙、得意忘形」的趣處，和孟德爾頌小提琴協奏曲第三樂章有異曲同工之妙。

第二章

今夜真好眠

每一天我都很用心地迎接這一刻的來到：我的孩子要睡覺了。讓孩子感覺到自己是平安的、舒適的、跟身體是親密的。睡眠，是一個人回歸信賴與幸福的最佳時機。

我們家在生活上有個堅持，就是每天一定有很棒的「入眠」。

在孩子上小學前，我們的家庭生活大概很接近伊甸園的生活。沒有固定作息，一切憑感覺、憑需求，想吃就吃，想睡就睡，就像原始人那樣。有學生來家裡，爸爸媽媽就教琴，孩子也在一旁陪著我們，有時爸爸媽媽要出去工作，工作完回到家，又是全家人在一起。孩子們除了每天有一個多小時的時間，要在爸爸面前正經地背古詩、拉琴之外，包括她們的入睡，都是玩樂的一部分。

記得大女兒啾啾五、六歲時迷上一部殭屍片，她非常羨慕那些殭屍，除了自己的神力外，還可以讓別的殭屍飄起來。後來上了學，老師問大家將來想當什麼？她竟然說長大要當殭屍。

那段時間，剛好我們全家首次出國到日本找孩子的外公玩，姊妹倆有時興奮到晚上怎麼都不肯睡，後來我想了一個辦法，拿出兩張便利貼，在上面畫一些像是符咒的圖樣，在兩個女兒的額頭上各貼一張，她們就真的倒下來在榻榻米上睡著了。有一陣子，準備入眠的活動就是她們模仿殭屍的各種動作，不停開心地跳來跳去，等到玩得差不多了，我就把便利貼往她們額頭一貼，什麼也不用多說，她們馬上就乖乖躺下來睡覺。

睡眠不是例行公事，值得虔敬以對

人一整天活動下來，最後需要進入睡眠。要好好珍惜「入眠」的這個過程，那可是一天裡很棒的時間點。

小時候每次要睡覺了，爸爸媽媽都還在忙，大我八歲的二哥還在念書，家裡其他人也還在走動，可是年紀最小的我卻必須先睡了。曾經有一段時間，我會在睡前預先摳十幾粒最愛吃的白玉米，偷偷放在床邊。等到上床後，便萬分珍惜地吃著這些玉米，一顆一顆地含在嘴裡，甚至一顆分成三段來吃，感覺到玉米在我口中咀嚼的滋味，有時才吃完第二顆，便睡著了。雖然媽媽規定我每天睡前要禱告，但是禱告並非是讓我進入幸福感官狀態的鑰匙，而是「吃玉米」。那一刻，我的嘴裡咬著玉米，耳朵裡聽著家人活動的各種聲音，不去思考什麼，只純粹去感受。我很清楚地知道，尋找一把好的入眠之鑰，可以讓睡眠成為很美好的事。

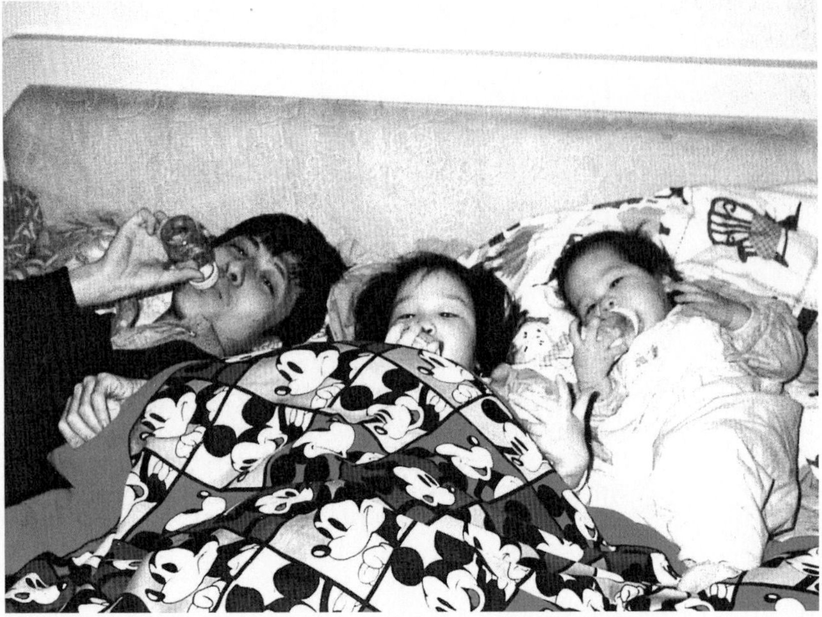

為孩子設計些特別的入眠儀式，讓「親密」與「玩興」延伸到入睡前的那一刻。（應志遠 提供）

小時候曾經是白玉米陪我入睡，如今，音樂就是我的白玉米。我喜歡選擇巴哈的鋼琴組曲，或是莫札特的鋼琴奏鳴曲，那每一個音符，就像我童年時的每一顆白玉米，在我完全放鬆的時候，感官特別敏銳的時候，透過感官的享受獲得的幸福感，讓我很快就進入睡眠。

小學低年級時，我曾有一次非常不愉快的入睡經驗。那天我被媽媽和哥哥誤會而受責罵，因為是被冤枉的，我氣憤地跟他們爭吵，最後的抗議方式就是不回床上去睡，他們也不理會我，只覺得我胡鬧。那天晚上，我就窩在客廳的一張小沙發上，在極度的不快樂與疲累中睡著了。隔天我醒來的時候，一看見媽媽和哥哥，我感覺到自己在第一時間就迅速地拾回睡覺前的憤恨之心。原來經過一個晚上的睡眠，我的負面情緒並沒有鬆懈掉，還在為昨日的受傷繼續奮戰。

這兩個反差的親身經歷，對我日後在面對孩子入睡的這件事上，都有著影響。

從大女兒出生，到她十五歲我和她去巴黎學音樂為止，五千多個日子裡，做為父親的我，每一天都很用心地迎接這一刻的來到：我的孩子要睡覺了。

在我經心觀照兩個孩子入睡的五千多個日子裡，我敢說，沒有任何一天，孩子是被胡亂打發，或是帶著委屈上床的；沒有任何一天，孩子是覺得當天好像還有什麼未能完成的事，帶著遺憾入睡的。她們的每一天都沒有被忽視。

我宛若一名牧師，每天懷著虔敬的心，帶領著兩個女兒的睡眠。我非常清楚，能夠對孩子產生深遠影響的，不會只是陪她們入睡的那短短幾分鐘而已，而是她們整個的睡眠品質。

「孩子要睡覺了」是最重要的事

幾乎每天我都看著孩子帶著深深的滿足感入睡，五千多個日子裡，縱使我偶爾缺席，也會透過電話將關愛送達，而我總是可以從電話的另一頭聽到她們滿足的回應，成為彼此的祝福。

當孩子帶著強大的正面能量入眠，這些好的能量就會陪伴她們八個小時，反之亦然。我喜歡把睡覺比喻為定存，既然每天都要存，不可能不存，那當然要存在利息好的地方啊！如果不好好存，不但沒有利息，還可能被虧空了。

我們不太規定孩子一定要在幾點鐘入眠，原則是要睡飽。在上學期間，晚上十點前入睡會比較好，次日早上她們也可以是睡眼惺忪地被我們抱上車，直到抵達學校再真正醒來；後來功課多了，睡眠時間便往後延。時間可以視情況調整，但要堅持的是「睡眠的品質」。

有時候孩子們知道爸媽有朋友來家裡玩，我也不會立刻把她們趕去睡覺，就讓她們參與部分的聚會，然後在適當的時機、她們不會太累的情況下，帶著滿足感去睡。直到現在，孩子們回憶起來，都是當年躺在床上，聽著爸媽和朋友們在樓下聊天的聲音，聽著聽著便不知不覺地睡著，感受到的是一種歡愉的氣氛。

還有一個有趣的小故事。小女兒比嘎原本是花蓮教育大學的學生，後來學校與東華大學兩校合併，她便申請轉到東華校本部的化學系就讀，也從花蓮市搬到壽豐鄉。為了省錢，就在校外靠近花東縱谷台九線的附近租了個很簡陋的房間。

某一天晚上，她突然從花蓮打電話給我，電話那頭的她，聲音聽起來非常緊張。她對我說：「爸爸，怎麼辦？我只能跟你求救了！」

我以為發生了很嚴重的事情，結果只是她的房間裡出現了一隻蜘蛛。從小蜘蛛就是她們姊妹倆的剋星。當她回到房間，發現蟑螂爬在牆壁上，一下子又不知躲哪兒去了，於是本能地打電話跟我求救。但遠在台北的我根本不可能去幫她，我用一種帶著安慰、也有一點調侃的口吻對她說：「比嘎，我看妳慘了！妳又沒有別的地方可以去，妳今晚到底要不要睡覺？還是妳可以到外面撐一天？」她說隔天要考試，一定得睡覺。

我告訴她，妳一定要盡自己最大的力量，既然蟑螂暫時不知去向，況且就算看到了妳也不敢打，那麼爸爸給妳一個建議。蟑螂大致是貼著牆壁走的，我要她把床拉出來一點，起碼離牆十公分，而移動床的時候，蟑螂自己會知道要保持距離；我又提醒她，睡覺的時候用棉被蓋住臉，把自己窩在被子裡，萬一她睡著後蟑螂又出來活動，也比較不會碰到她。我再告訴她，蟑螂其實更怕她，蟑螂只是沒辦法打電話給牠的爸爸求救而已。最後我祝福她能睡得好。她說：「好吧，我試試看。」掛了電話後，整晚就沒再打電話過來。

隔了幾天，比嘎打電話給我，她說：「爸爸，你知道嗎？在我給你電話之前，整個人已經抖到不行。雖然我也知道，有沒有把床拉出來，其實結果差不了太多，但好歹我也做了一點努力。最主要是，爸爸你的態度好像在取笑我，又好像很疼愛我，反正聽你講話的聲音，就是一股安定的力量。」她說她第一次有那麼強烈的感覺，一下子就平靜下來，在她做完移床的動作後，很快就睡著了。

透過睡眠，把正向能量導入孩子的夢中

用什麼樣的方式入眠，影響深遠。有時在進入睡眠前的五分鐘、十分鐘，我們會安排個小小的節目，讓孩子來到能量的最高點，然後進入夢鄉。

講故事，是我把正向能量導入她們睡眠中的一種方式。

很多爸爸媽媽都會在睡前說故事給孩子聽，當然說故事也是我的專長，連她們的媽媽也要來偷聽。只是我說的故事從來都是自己編的，孩子也一定要聽特別的故事，尤其是最近發生在她們身上，或是她們最關心的事。譬如，她們迷上體操，我就要把跟體操選手相關的題材編進去；她們喜歡養鳥，每隻鳥都有名字，我就得把那些鳥名編進故事裡。

她們的要求也不多，只要把這些她們感興趣的元素放進去，即使故事情節再怎麼不合邏輯，她們還是聽得超開心的。有時我已經編到前言不對後語，連自己都聽不下去，甚至對自己講出這麼爛的故事感到害臊，但孩子卻完全不覺得被耍、被騙，只會即時糾正我，以便我趕快修正過來，讓故事繼續發展。我們家的孩子不聽別處可以聽到的故事，一定要是爸爸即興為她們打造的故事。只要我答應為孩子講故事，她們會立刻用最快的速度完成一切漱洗，等著爸爸躺在她們中間。即使白天有任何的不愉快，講故事是我挽救不良氣氛最後的救星、最佳的特效藥。

身心的安頓，有助於感官的開啟。好的入眠品質，就像是每日一帖足以平復自己的良藥。（應志遠 提供）

「睡眠」這件事有幾個特性：週期性、必須性、無為性、舒適性。由於具備這些特質，很容易可以發展為身心自癒的方便療法。

睡覺是一種週期性的行為，不管一整天再操、再累、再煩，最後還是可以回到床上呼呼而睡。睡覺因此有著絕對的必須性，每天都會與之相遇。我認為，「睡覺」是各種享受中，唯一不需付出努力的；更明白地說，反而要不努力，才能得到享受。身為父母，在教養孩子的過程中，應該善用「睡眠」這件事，讓孩子體會到：真正的快樂，就是讓自己感覺到自在與放鬆，並不需要很多的條件。

孩子只要把身體清理好，有好的睡姿，

蓋上舒服的棉被，室內的溫度也調整得恰到好處，當一切舒適的條件都完備了，孩子會達到一種生命的自足感，就像是一般人要透過靈修才會達到的狀態。孩子覺得安睡在此時此地，跟自己的身體完全地親近，跟這個世界完全地和諧、完全沒有爭執。這樣一個可以領受無限的情境，是孩子取之不竭的寶藏。

動靜交錯，讓孩子「更在自己的身體裡」

曾經，當孩子們在床上躺好了，我們互道晚安後，我會為孩子玩個簡單的小遊戲：

我把雙手張開，揪住棉被角的兩端，使力將棉被往上揚起約半公尺，她們小小的身體承受著揚起棉被帶來的涼風，既暢快又興奮，而當棉被慢慢落下來罩在她們身上時，又會有一種無比幸福的舒適感。以一整天活動的比例來講，睡前這麼短短一分鐘所得到的感官刺激，在心理上的強度，恐怕勝過其他時刻的總合。

這個揚起棉被的動作，是我為兩個女兒精心設計的儀式，大概只要重複做個四、五次，她們就會在極度開心的狀態下迎向睡眠。

有時我會採取更強烈的方式，比如突然鑽進她們的棉被裡，學狗那樣去咬她們的身體，姊妹倆就會亢奮地在棉被裡逃啊、躲的，一直狂笑狂叫，而她們也知道，爸爸會在她們所能承受情緒的至高點，適時結束這場遊戲，她們整個能量就又恢復到平靜。雖然只有幾十秒，她們的意識卻更加飽滿。

透過如此的動、靜交錯，是要讓她們「更在自己的身體裡」，「感覺到自己現在是平安的、舒適的、跟身體是親密的」。當我說：「好了，不逗妳們了，不咬妳們了。」她們極度的情緒張力會迅速地鬆懈下來，然後漸漸體悟到：身體其實隱藏著快樂的源頭。

面對孩子每天的「睡眠」，最初的幾分鐘裡，我就會把「親密」和「玩」帶進來。

我認為「親密」是屬於母性的，「玩」是父性的，我會把陰和陽這兩種正向的能量，灌注在她們每天的生活直到入睡前的那一刻。當她們隨著這兩種飽滿的能量進入睡眠，這些能量會自己去生利息，絕不只是身體的休息而已。

在孩子睡覺前，談心、說笑、編故事、揚棉被，用歡笑和親熱，劃下一天的句點。這是信念，也是樂趣。

把握睡眠，就掌握了每日的身心自我療癒

為孩子的睡眠品質下功夫，就好像農夫為田地灑水施肥一樣，每天持續地做，不要太求功利

而想立即達到什麼效果。只要對種子保有信心，願意持續灌溉，將來它就會以盎然的綠意為回報。

有個觀念我極為服膺：孩子在嬰兒時期，如果張開眼睛看見的是父母慈愛的臉龐，孩子會對父母充滿了認同，充滿了信賴。於是，從孩子非常小的時候，我就每天持續做。我希望孩子每天早上睜開眼睛的一剎那，以及夜晚闔上睡眠的那一刻，感受到的都是父母的愛。

不管白天發生過什麼爭執或不愉快，只要到了睡眠時間，我們就讓一切又進入到彼此親密與圓滿的狀態。就像一首樂曲，最終走回到主和弦，而當所有樂器演奏完最豐沛、最甜美的音色，我們才會離開孩子的臥房。

姊妹倆長大後才告訴我，有時我們走出房間，她們還會偷偷講上一陣子話，講到不知不覺睡著了。

別讓孩子帶著一絲不愉快入眠。就寢，是一個人回歸信賴與幸福的最佳時機。

經過五千多個日子的陪伴與實踐，她們從不曾被逼著去睡，或者讓自己透支了才睡，或者帶著懸而未決的疑慮入睡，那麼，當她們長大離開父母，便已知道也很習慣，如何進入到好的睡眠，如何把握睡眠的時間。那幾個小時的時間，就會成為她每日身心的自我療癒。

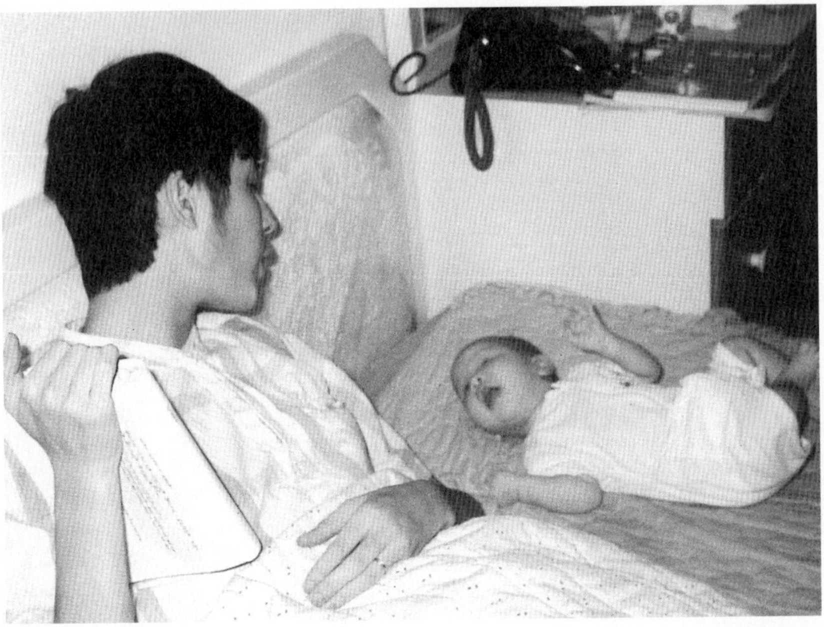

睡覺了、起床了，父母慈愛的臉龐映入眼簾，孩子會多麼開心，多麼有安全感。（應志遠 提供）

孩子漸漸長大後，她們也會調整自己的睡眠需求。比如兩姊妹從小就屬於怕熱不怕冷的體質，我們家的冷氣也用得比較多一點，但自從她們分別去了巴黎和花蓮生活以後，就算回台北，也都不太開冷氣了。因為她們已經習慣沒有冷氣，也沒有冷氣機運轉的聲音了。

睡眠的舒適性不在豪華的空間，只要我們的身心處於安頓的狀態，有助於感官的開啟，在這樣的氛圍下進入夢鄉，便再好不過了。

睡眠如同定存，讓能量飽滿生息

我和啾啾在巴黎生活了四年，為了節省費用，都是租小坪數的房子。一開始，我跟啾啾分別睡上下舖，我睡下舖，她睡上鋪。睡前照例是我們的快樂時光，我們把自己打點好，躺在自己的床上，各自將一天發生的事情做個回顧，交換彼此的想法。

某天晚上，啾啾一爬到床上，整個上鋪床板突然塌下了一半，塌下來的部分剛好打到我的頭。只聽到一聲巨響，我大叫一聲，接著啾啾用很微弱的聲音問道：「把拔，你還好嗎？」我說：「我還活著！」然後我們兩個就好快樂。

在巴黎那段期間，大概有兩年的時間我們時常有爭執，原因很多，主要是啾啾對音樂的想法在轉變，她拉琴的態度我不贊成，而她追求自由的心更堅持，也交了男朋友，我有一種強烈的不安與不以為然，當然我也有自己的問題要面對，包括憂鬱症。但是不管怎樣，到了睡前，依然是父女倆最開心的時光。

我在巴黎跟一位老師學法文，她是索邦大學的文學博士，曾給我看過一張圖片，是某個原住民的睡姿。人類學家發現了這個特別的部落，族人為了某種特殊的信念，一生從不躺下來睡覺，而是靠著牆坐著睡，大概是怕熟睡之後靈魂會被魔鬼帶走之類的，這個部族的平均壽命只有三十多歲。

這個故事引發了我的聯想。一個人如果在安全與信賴的感覺中入睡，而且進入到熟睡，那麼生命的品質一定會提高的。

好的入眠經驗，就像是每日一帖足以平復自己身心的良藥。因此，「準備好入眠」這件事就很重要，同時也要把「準備入眠前」的時間考量進來。

「睡眠」如果是必要的定存，當然要設法讓利率愈高愈好！睡眠不是例行公事，而是虔敬的靈修入門。什麼是虔敬，什麼是平安，都要讓孩子親自去體會。

親子聽音樂

一夜之計在於眠，只需溫柔

推薦曲目：葛利格「在搖籃裡」、葛利格「日出」

吃得好不如睡得好。想像一下屋外是星月皎潔，內心是無限感念，一床清爽的被枕，一夜沉靜的獨眠。如此深度的享受，難以言喻，不可強求，只需溫柔。其中滋味卻在葛利格的筆下化為交響的聲波，名為「在搖籃裡」。曲終，靈魂安頓在宇宙的懷抱，不再憂傷。

再想像一下，次日的清晨，東方既白，初日的第一道光線灑進了窗前，旺盛的朝陽之氣充滿天地之間，喚醒了人們無窮的希望。才經過一夜好眠，如獲新生，如沐春風，這一切的幸福都被葛利格捕捉在他的曠世名作「日出」裡。

「日出」教人明白，一日之計在於晨；而「在搖籃裡」讓人體會到的是，一夜之計在於眠。

第四章

椅子鋸斷腳

「什麼樣的家庭空間，可以滋養出親密關係呢？盡量把家具都放低，打破規格化，添加童趣，保留回憶。視覺的空間友善了，心理的空間也會得到放鬆與牽繫。」

我所住的這間房子，自從結婚以來，歷經了大大小小不下七次的裝修。

有一次，我靈機一動，請木工師傅把家裡一張又大又重的桌子的四隻桌腳給鋸短一點。他百思莫解，覺得沒事幹麼把好好的桌腳給鋸掉呢？我跟他說，把桌腳鋸短，讓桌面下降，家裡的感覺會溫馨一點，孩子也會比較快樂。但無論我怎麼解說，木工師傅仍是一副不可置信的表情。我在桌腳畫上記號，約莫鋸掉將近一尺的長度。要下鋸的那一刻，半蹲著的他還把頭轉過來望著我，用閩南語對我說：「沒醫了喔？」意思是這一鋸下去便覆水難收，他在給我最後的忠告。

師傅鋸好之後，我把桌子翻過來，往地上一擺，不由得好樂！

許多到過家裡的朋友都覺得奇怪，為什麼我們家的桌子、椅子都被鋸斷腳，比一般的桌椅來得矮呢？

調整生活空間，拉近親子的心理親密空間

早年我還沒把桌椅鋸短以前，光是利用床舖的高低落差，就可以製造和孩子親密的機會。譬如我會坐在地上，緊靠著床沿，孩子原本趴在床上，就會自己爬過來，用她的頭碰著我的頭。透過觀察孩子的行為，從孩子的眼神中感覺她快樂程度的變化，於是我們決定：一定要調整居家空間。

我二姊是專業的幼教機構經營者，她開設的幼稚園幾十年來營運得很成功。我們聊到現代的教育觀念，二姊說，會特別為孩子設計符合他們尺寸的家具，為孩子製作兒童專用的桌椅、馬桶，都是到了近代一百多年才有的事。大人坐在高高的椅子上，幼兒卻在地上爬，他們看不到父母正在做什麼。以小孩的角度看大人的世界，是很難企及的；孩子要適應大人的世界，是很辛苦的，有些經驗甚至會留下巨大的陰影。當大人願意考慮到孩子的狀況，願意放低身子陪伴孩子，試著跟他們「在一起」，其實是幼兒教育的大躍進。因為，空間距離的拉近，心理的距離也會拉近。

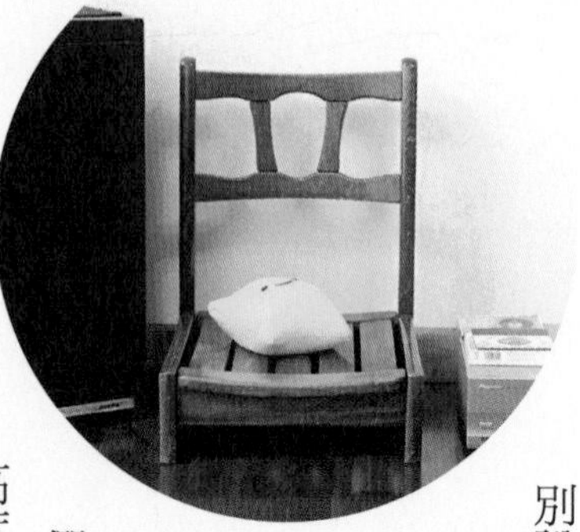

別說是孩子了，即便是身高落差比較大的兩個成年人，空間觀念也是不同的，看事情的感覺亦自不同。有個朋友曾聊到他去荷蘭旅行，發現洗手間裡的小便斗太高了，讓他覺得自己像個小孩子，馬上感到這個環境不是那麼的友善。

當大女兒啾啾出生後，我便注意到，如果要讓孩子靠近我，跟我很親密，我需要做些努力。我常常坐在地上或躺在地上和孩子們聊天，讓她們可以輕易地從我身上跨過去；當我不斷地降低我的高度，或者把孩子抬得比我還高，讓她們居高臨下看著我，或者坐在我的肩膀上散步，望得比爸爸還遠，孩子立刻就開心起來。

我觀察過，同樣的一批人，其中有大人、有小孩，當大人的相對位置比較低的時候，孩子馬上就有不一樣的反應。大人如果想趁此時跟孩子溝通，也比較容易進入狀況。什麼樣的空間，可以讓孩子感受到父母跟他是親密的呢？盡量把能夠放低的家具都放低吧！

打破規格化，營造對孩子友善的空間

我們家除了所有的東西都盡量放低外，也喜歡可以活用的家具，比如我家有個桌子，它的桌

椅子鋸斷腳（右），半弧形樓梯（左），前者放低了身子，後者營造透視感，都是為了打破距離，讓家人們彼此靠近。

腳是可以調整高低的。有些朋友還發現，我家很多東西的尺寸是不太合乎常理的，比如桌子是一般家庭的數倍大；有些家具看起來功能不明，不知該算是桌子還是椅子？就連坐墊也是有薄有厚。

我也很喜歡對「樓梯」下工夫。樓梯本身就很奇妙，它是讓空間變得有趣的一項設計，具有生活機能，更可以是藝術品。善加運用樓梯，可以豐富居家格局。我從來不願意讓樓梯只有功能性，所以二樓到三樓的樓梯，我做成ㄇ字型，三樓到四樓則是弧狀半C型。家人在樓梯相遇的時候，藉由空間的透視，可以彼此看見，相視而笑。

大部分的家具因為講求實用性，講求符合人體力學，講求使用起來要舒適，最後做出來的成品也就大同小異。這樣一個凡事講求實用的世界，就在不知不覺中走向規格化，而人身在其中，便也適應了這樣的規格化。然而，小孩子是特別敏感的，當孩子進入一個空間，如果這個空間打破了規格化，所有東西都可以隨意改變位置、改變用途，他可以在地板上畫畫，可以在桌子上睡覺、跳舞，可以坐在樓梯上聽音樂、溜滑梯……當功能的界限破除了以後，小孩子那自然的、原始的情感，就會湧現出來。

小孩子並不喜歡規格化的事物。為什麼遊樂場這麼好玩呢？因為它的設計跟實用性無關，它的比例都是放大或縮小的，連色彩也是繽紛不尋常的。

當孩子保有對萬事萬物無窮變化的驚喜與好奇，而不只是待在規格化的世界裡，就會顯露出真正的快樂。規格化的好處是實用性強，很容易就懂得如何操作它，但是要留心，我們的生命不要也被規格化的事物所限制了。

我們家的物品，都盡量打破規格化。一個櫃狀的桌子，上頭可以擺放藝術品，也可以隨時變回桌子。對小孩子來說，這樣的轉換是輕而易舉的，發揮創意使用這些家具一點困難都沒有。

我們家也會有一些機動的小擺設，讓家裡呈現出不同的空間感。比如擺一棵可以頂到天花板的聖誕樹，那天孩子一放學回家，從她們的表情就知道，空間的改變立刻讓家裡的氣氛也隨之改變了。

現在，我的孩子都長大了，她們一個一六七公分，一個一六八公分；鋸斷了腳的桌椅卻不會長大，怎麼辦呢？

我跟孩子們說，這些桌椅看來都太低了、不實用了。但她們都說，她們就是要這樣的家，一個看起來永遠像是有孩子住在裡頭的家。

我想，社會環境也是一樣的。如果許多的考量與想望，對孩子來說是貼心的，是朝向孩子的，這便是個相對較好的社會。如果一個社會的價值取捨多偏向大人的心態，少了孩子氣，這樣的世界未免太老成，而顯得暮氣沉沉！

一個「遊樂場」般的家

我們家其實是個有點危險的家，因為地板滑，樓梯多，偶爾會有人跌倒，就有不少人提醒我，這房子不宜長住。怪的是，我太太在這屋子裡走動近五十年，也沒摔過一次。

有一回，我邀請一位年近七十的法國大提琴家住在我家四樓，這位老先生拿著他的大提琴，步下樓梯的時候，其實我很擔心，請他注意安全。沒想到他說：「一個人本來就要注意自己的安全啊！我就是用這樣的態度走過這一生。」原來，一個太過文明的社會，也會削弱了人的警覺性。

溜滑梯（右）和空中小屋（左）。一個像遊樂場般的家，永遠容許趣味性在其中發生。（應志遠 提供）

我也跟一位做裝潢的朋友聊起，或許再住個十年，我就要另外找個單層的房子來居住。想不到他卻說，他反而想找一個讓自己可以上下走動的空間，來保持身體的活動量。這正是事情的一體兩面。

我們家比較像是一個遊樂場，而不是一般典型的家，永遠可以容許趣味性在其中發生。

以前我有兩個小提琴學生，一前一後來家裡上課，他們的爸爸彼此也是同學，因為平日不太常見面，

便趁著送孩子來學琴的時候敘敘舊。他們每次都會買些啤酒和小菜，孩子在一旁學琴，他們就在另一頭聊天。有時聊得太開心了，乾脆直接躺在木頭地板上，非常地自在。想想這個畫面吧！如果做爸爸的都可以這麼放鬆，小孩子怎會不放鬆呢？

後來我跟這兩位家長重逢，聊起這段往事。我對他們說，很高興可以提供這樣一個空間，讓所有來到我家的人都可以放鬆自己。那些不合常規的家具與布置，就是希望能夠打破人際之間的隔閡，卸掉彼此的心防。

在我家二樓，我請木工釘了一個如空中樓閣般的小屋子。這也是在某次裝潢過程中突然而來的靈感：假如我能為孩子在家裡蓋一間小屋子，讓孩子體會屋中有屋、家裡有家的感覺，孩子應該會很開心。我立刻將想法付諸實現。在這個空中小屋的正下方，有一張單人床，我還在牆角設計了一個樓梯，孩子們可以從這裡爬到空中小屋去，她們可以在屋子裡玩，玩累了就直接睡下，或者從旁邊的溜滑梯滑下來也可以。

這個小屋子不是從玩具專賣店買來、大量製造、只能放在地上的玩具，而是懸在半空中的秘密基地，是個充滿童趣的設計。不僅我的孩子興奮到極點，她們的同學、鄰居、我的學生們，大家都很愛玩。

空間是人類無形的「財富」。只要懂得運用空間，便可在精神領域上不斷地創造財富。

情感與認同，是「空間」帶來的資產

我們家裝修過很多次，然而孩子對家裡的每個角落都存著感情，都有她們成長的點滴故事，所以不管如何改建，所有跟重要記憶相關的角落或家具，我都會設法留住，不會任意拆除。

啾啾從兩歲起，我們便不再幫她包尿布，為的是教她學會使用馬桶。有一天，她大概來不及跑到廁所，情急之下就把二樓臥室的櫃子打開，留下了一坨造型美麗的便便，然後把門關上。等到媽媽換衣服的時候打開櫃門，才發現了這坨便便。像這個櫃子，不管裝修多少次，我是絕不會拆掉的。

啾啾三歲的時候，我和四、五個學生一起玩捉迷藏，啾啾也跟著玩。一般的捉迷藏都是一個鬼去找所有人，但我太會躲了，所以每次都是他們全部的人來找我一個。我也會故意在被他們發現時，誇張地顯露出我的懊惱，以便讓他們很有成就感。有一次我實在躲得太好了，我藏在一個三層衣櫃的第二層，又用衣服把自己完全遮起來，孩子們簡直把房子翻遍了，還是找不到我。當他們就在我附近嘀嘀咕咕討論的時候，啾啾突然放聲大哭起來，一直說著：「把拔不見了！」我只好趕緊鑽出來安撫她。像這個櫃子，也是要永久保留的。

空間之於我，除了給予啟發、帶來童趣、激發玩興外，也充滿了情感與追憶。

「空間」是一個家非常重要的資產，它帶給我們數不盡的歡樂，也帶給我們最深切的認同。

我們家的三樓是一個挑高的公共空間，四樓則是兩個女兒的房間。利用鏡子與高低落差，姊妹倆可以透過窗戶望見三樓、看見彼此，也可以拉上百葉窗，保有自己的隱私。二樓那個有著空中樓閣的房間，也可以從樓梯的空隙看見上面的人。家，就是一個可以隨時關懷彼此，又享有隱私的地方。

藉由空間的安排，讓家人們彼此靠近，同時也能互相尊重。每個人都有自己的一方天地，又能夠和家人產生牽繫。許多朋友到我們家，都說可以從中看見這個家的成長故事，看見父母對孩子的愛。我也總是跟朋友說，從我家的空間，你可以看見我的靈魂。

這就是我從「椅子鋸斷腳」的角度，所展開的教養視界。

親子聽音樂

家不論大小，都是浩瀚的宇宙

推薦曲目：莫札特鋼琴奏鳴曲 KV.545（海布勒版本）

「家」不該只是親人生活在一起的地方，它更應該是讓心得以安頓、靈得以飛騰的道場。把家布置得洋溢著童趣，空間活潑舒敞，點一盞小燈，播放著莫札特的鋼琴奏鳴曲 KV.545，讓流暢的音符帶領你的視線，遊走在室內的每一個角落，慢慢地體會，房屋不論大小，都是浩瀚的宇宙。是音樂，幫助我們跳脫肉身的限制，重啟天真的眼光，洞悉世界的珍奇美妙！

在此，我鄭重推薦女鋼琴家海布勒的版本，是她的演奏讓我對莫札特的領會更上一層樓。或許，海布勒也是您的貴人。

第五章 天地無限好

「一個人的家再大，都不可能如天地這麼大。那就走出去吧！
我們的身體裡有個秘密通道，可以從大自然汲取能量，獲得療癒。
家給予孩子安定，大自然則讓孩子勇於冒險，學習警覺。」

我的童年和少年時代，是在新店安坑度過的。當時那裡還是個尚未被開發的「鄉下」。

以天地為父母的男孩

那時候，男孩子們都很喜歡玩「紅紙鏢」，鄰居玩伴的程度差不多，玩起來有贏有輸，總會取得一個平衡，這也是樂趣所在。到了六年級的時候，突然出現一個特別會玩紅紙鏢的男生，他是鄰居南部的親戚，來台北過暑假，他一出現，我們所有人都不是對手，他把贏來的紅紙鏢裝得餅乾盒都快滿出來。他玩橡皮筋也超厲害，又很愛炫耀，總把贏得的橡皮筋全部套到手臂上，那就等同於他的財富了。大家一碰到他，就覺得很自卑。

有一天，我們又在某個鄰居家的院子裡玩，院子上頭罩著石棉瓦，光線不是很亮。不一會兒，大家又是全盤皆輸的局面，輸光了以後，我就只好退出去。當我把院子的門推開，一走出去，望見安坑天主教的墳墓山，望見大片的水田和碧藍的天空，忽然覺得這個世界多遼闊啊！忽然覺得還窩在裡面玩紅紙鏢的人實在太可憐了！

當我輸光、轉身離開那個惡霸的視線，走出那個大門，只是換了個空間，立刻發現世界是多麼不一樣、多麼美好！

當下我清楚地知道，這便是我日後不但要追尋、也要保有的畫面。我告訴自己，這是個重要的座標，可以使我的人生不致迷失。

我父親在抗戰中期從軍，做的是情報方面的通訊工作，屬於後勤部隊，是戴笠的手下。他的工作必須一路跟著軍隊遷徙，所以第一時間就來到了台灣。父親基本上是個孤僻的人，不跟同事一起住眷村，卻在新店安坑國小對面買了一塊空地，自己蓋房子住。鄰居除了少數外省軍人外，也有客家人和閩南人，我從小就跟鄰居小孩混在一塊兒，那時的安坑很純樸、很美。

我家那塊地除了房舍本身，院子也不小。院子裡有棵芭樂樹，經常結實累累，鳥兒都要去吃。那天不知怎地，鳥叫聲實在太大，把我給吵醒了。就在惺忪醒來的那一瞬間，我突然有種感覺：人能夠這樣活著實在太快樂了，應該像這樣迎接每一天。雖然我年紀還小，卻清楚知道，

這就是我要的人生，我要享受每一天！

我對世界充滿了好感，更激起內在無限的衝動，想要不斷地去發掘、品嘗所有的奇珍異事。然而，外在又是什麼在呼應這個願望呢？那就是我家附近洋溢著大自然氣息的環境。

對於童年的我來說，天地就是我家，安坑的每個角落都是我玩樂的地方。到安坑國小打棒球、玩捉迷藏，到曬穀場騎腳踏車、跳繩，到墳墓山蓋房子，到田間找田螺、捉泥鰍，到河邊「摸蜆仔」、游泳……我跟著鄰居玩伴，和整片大自然一同生活。十二歲以前，我是個完全以天地為父母的小孩，自在地過著每一天，從沒想過「不快樂」這件事。

家再大，都不如天地大

我以為天地就該擁有無限的空間，可以任我探索，直到有一回，我隨姊姊到南勢角訪友，那附近竟然都是連棟的兩層樓房，外觀幾乎一模一樣，即使有院子也很小，街道相當擁擠，原來城市是這般地讓人不舒服。沒想到十多年後，我和太太也住進了南勢角，而且一住近三十年。

我非常確信大自然對一個人身心養成的重要性，雖然我們一家人住在南勢角，但我要讓孩子過的是像我小時候那樣的生活——以天地為家。因為，無論一個人的家再怎麼大，都不可

晚上和家人出來散個步，身心都很舒適。親近大自然不需要什麼花費，唯一要做的就是付諸行動。

能如天地那樣大，所有的房子都太小了，孩子必須要不斷地離開他的家，進入到更大的世界。雖然我們家擁有開放的空間，孩子可以隨時隨意躺在地上，可是仍不及大自然的寬闊壯碩。所以，只要一有時間，我就帶兩個孩子離開屋子，玩累了再回家。

每一天我們都盡可能走出家門，接觸外界，如果時間不允許，沒辦法走太遠，便就近找個學校的操場，或者附近的公園，這些都是我們愛去的地方。我們也經常到處旅行，像墾丁就是全家人的最愛；也會刻意尋覓新鮮所在，當開車經過一個從沒去過的小學，我們就隨興而往，只要有操場、有片草地躺下來，人就可以放鬆。

大女兒啾啾現在住在法國南部的土魯斯（Toulouse）工作，她有空回巴黎的時候，還是喜歡往郊外跑。她極喜歡台灣的山林，只要有機會回來，就到有山有水的地方，跟花鳥植物為伍，最好還有野生動物。小時候，啾啾相對比較不喜歡戶外活動，總是妹妹比嘎跟著我四處跑，但是如今的她，嚮往大自然的程度已和妹妹不相上下，這是我刻意在她們小時候植入的生命元素。

家，帶給我們安定、溫暖、親密的力量，大自然則讓我們勇於冒險，帶來的是啟發、靈感和勇氣，彷彿如風般的一種能量。室內待太久的人，能量會不平衡的。

在大自然中，危險與安全操控在自己的警覺性裡

兩姊妹很小就學游泳，我只教一些基本原則，打水、換氣，她們得自己學會。我這老爸嚴格得不得了，她們非得有所進展不可，若不能游完我規定的距離，是沒辦法真正開始玩的。

度假的地方只要有泳池，就一定要她們下水。不論海邊或溪間，只要幫孩子各套上兩個手臂泳圈，總共有四層防護，就會趕鴨子般讓她們下水。一般的孩子都只在岸邊玩，但我是讓她們真的下水，甚至有些地方水還挺深的，也帶著她們游到對岸去。新店溪碧潭的上游有一處

彎道，風景綺麗，青山環抱，曾是我們一家四口的私人泳池。姊妹倆從小就跟著我們，體驗這種原始的玩樂方式。

我們的玩法，對一般人來說恐怕過於大膽，然而我很清楚，孩子必須在危險裡，才能認識真正的安全；而不是一直處在安全無虞的環境中，還不斷地去強調危險，把危險無限放大。

一個人置身大自然裡，內在的警覺性才會萌生而出，因為真的感受到危險了。我帶孩子們去紅河谷，她們自己會判斷形勢，知道怎麼走才不致於打滑，什麼樣的距離才可以一躍而過。我認為的安全，不是因為恐懼而退縮的安全，而是當一個人真正認清到危險，自然而然生出的一種充滿警覺性的自信與自在。

長期生活在都市裡，總會產生盲點，有時是過於疏忽，發生本來很容易避開的危險，但有時是大人過於緊張，給予太多的警告，讓孩子陷在疑慮當中，變得非常保守而過度地防範。可是在大自然裡就不是這樣了，危險與安全，操縱在自己的警覺性裡，當你的警覺性升高，安全就站在你這邊。

受過大自然洗禮的孩子，內在很有勇氣

我從來不把我的孩子當女兒養，而是一個人該怎麼養成，就這麼養育她們。一個人的養成，

最好是讓他陰性和陽性的能量兼具，而大自然的蓬勃生氣，便是屬於陽性的。接近大自然，讓她直接去面對危險，孩子內在的英氣就會顯現。

我們常到東北角海邊，讓孩子們去潛水，她們看著大塊岩石、浪花、海中生物，聽著潮湧、海風的聲音，她們內在的陽剛部分就會增長，不會成為一個孱弱的人。

有些女孩子太過於嬌嫩，太容易受傷，這在我們家是不會出現的。只要在可以承受的範圍內，縱然孩子受傷了，或是心理被打擊了，我都不會大驚小怪。孩子基本上都很能保護自己，她們不會誇大環境的恐怖，也因為從小受到大自然的洗禮，她們的內在很有勇氣，她們相信自己。

九二一地震次年，我們家增建三、四樓，是以C型鋼做樑的鋼骨結構。施工的三、四個月期間，兩個孩子分別住在爺爺和外公家，但是她們經常跑回來，因為太期待新房子了。距完工還有一個月的某天晚上，我邀她們一起上三樓，當時地板打好了水泥，但周圍沒有任何遮蔽，膽小的人應該會害怕；而我剛好是個膽子大的爸爸，兩個孩子就跟著我走，沒有任何欄杆可扶，我們踩著鋼材上到四樓。對工人來說沒有任何問題，他們習慣這樣工作，但兩個女兒也都不怕。我提醒她們一句：「小心！」這已是最後的忠告。酷愛並習於體操的女兒對我說：「把拔，不可能摔的，我們有雙手雙腳耶！」我邊爬邊看她倆的身手，真的是很矯健。

常在大自然中玩耍的孩子，不致成為嬌柔孱弱的人。（應志遠 提供）

盡量讓孩子在危險中去確定自己的安全，我認為是家庭教育裡很重要的一環。只一味地禁止孩子冒險，或恐嚇孩子，即使學了一大堆安全知識，孩子卻完全沒有感受過危險；但在大自然裡，當我們走在懸崖邊，那種油然而生的危機感，自然知道身體要放低，要保持適當距離，還得觀察周遭，萬一滑倒了，哪裡是可以抓的，孩子要學會面對危險時如何去防範及補救。在那種危險的狀況下，格外能感受到大自然的力量；當孩子永遠和危險保持遙遠的距離，他的內在也就從未被淬鍊過。

擁抱大自然，和憂鬱症和平共存

在我得了憂鬱症之後，又讓我重新體認到大自然對我的重要性。

三十五歲那年，我第一次犯了憂鬱症。那時的我，既沮喪又痛苦，常常想哭卻哭不出來，甚至會做些奇怪的舉動來抒解焦慮。譬如躲在馬桶旁邊或是水槽下方，當我像個小孩般蜷縮在那裡的時候，會覺得這個世界給我的壓力減輕了許多。雖然家裡上上下下我再熟悉不過，但是只有這樣的一個角落，一個我不可能會去使用的角落，每次只要窩在那裡，不安的症狀就會減輕。

某一天，再過一個小時，我的學生就要來家裡上小提琴課，然而我當天的情況很嚴重，根本躺在床上爬不起來，就連窩在馬桶邊都沒效了。只剩一個小時，我本能地衝出家門，騎著摩托車來到秀朗橋邊，那時環河快速道路尚未動工，我硬是把車子騎到了橋下，盡可能地來到靠近河邊一個比較空曠的地方，我感到自己慢慢恢復了。大概讓自己好好喘息了三十分鐘，我就騎車回家，可以面對我的學生了。

有過這樣的經驗後，接下來的日子，只要有可能，我便騎著摩托車往郊外去，或是開車往烏來的方向，只要有產業道路就去探險，只要有路可走就下車散步。在野外待個兩個小時，感覺舒服些了，再開車回家。有一天，在好奇心的誤打誤撞下，來到了紅河谷。真不敢置信，就在距離都市不太遠的地方，竟有這樣一個接近原始的溪谷。當時的紅河谷還不太為人所知，初次相逢，我順著溪流一路往上走，沿途許多巨大石塊，溪水清澈叮咚，走了約兩百公尺後，我跟溪面交會，發現自己非常快樂。

當我第一次泡在紅河谷清涼的溪水裡時，有種奇妙的感覺冒上來：我突然覺得自己不是台北人，不是台灣人，也不是屬於任何一個國家的人，我覺得自己什麼都不是，所有社會角色都消失了，我就是天地之子，是在天地間生出來的一個人。

哪怕我是出生在幾千年前，完全沒有受過文明洗禮，沒有受過任何教育，只是個獵人或農夫，當我來到這樣一個天然的所在，我就是我，就是一個純淨的生命，與山水邂逅。在那個瞬間，所有的壓力都卸下了。

四十歲那年我在巴黎，當憂鬱症再度復發的時候，基於過去的經驗，我很快就懂得透過大自然來療癒自己。無論是我幼年徜徉在大自然的經驗，或是透過大自然來養育自己的孩子，一直等到我憂鬱症發作了，才真正體認到來自大自然的正向能量，是如此深刻而有療效。

從發現紅河谷那天起，這十五年來，紅河谷就是我的充電場，只要去到那裡，我一定是充飽了電再回到城市來。在大自然中，能量回復得非常快。早年到紅河谷，是卸除壓力；如今再去，是一種回歸的感覺。

經歷兩度憂鬱症、後來幾乎不再發作的我，還是持續到紅河谷去，還是盡可能地接近山川自然，永遠不讓自己再處於缺電的狀態。

身體，聰明到極點

舞蹈家跳「天鵝湖」，將天鵝的姿態擺動得分外傳神；口技表演者將許多動物的叫聲模仿得唯妙唯肖；再看一看體操選手展現的精緻肢體動作，在人類的身上，似乎留存著一部大自然的演化史，留存著其他物種的因子。千萬別小看我們的身體，比起頭腦，它聰明得多了。

一名優秀的運動員，靠的是整個身體與肌肉的協調，才能夠精準地發揮。頭腦能做的有其限度，最後必得靠身體來達成。在進化的過程中，所有精密的設計都保留在我們的身體裡，並

透過大自然養育孩子，也療癒自己，讓身心永不缺電。攝於庇里牛斯山脈的 Lac d'Oô。（應就然 提供）

不只有頭腦而已。如果我們願意開發自己的身體，便會發現身體簡直聰明到極點。

從許多演奏家身上，也都發現到這樣的事實！當頭腦已經不行的時候，他們的身體還是可以有很好的操作。過去我教小朋友拉小提琴，一定會扶著他們的身體，幫他們運弓、擺動作，抓著他們的手指按弦，久而久之，身體便會記住正確的姿勢，就像戲班子師傅教學徒翻筋斗一樣。

我們當然希望達到身心靈合一，但是萬一頭腦不行的時候，還得靠我們的身體逃過一劫呢！

大自然是能量的總源頭

近來天冷，戶外泳池的水溫只有二十度上下，我照樣還是下水游泳。但是前兩年游泳，我都游室內溫水池，有時加熱的鍋爐出問題，水溫只有二十六度多，我就覺得冷得受不了，有一次掉到二十五度，簡直要失溫了。

關於游泳，我有個奇妙的體會。只要在戶外，相對較為接近自然的環境下游泳，望著天上的雲，或是任著雨滴打在身上，我的身體就是比較耐寒；同樣的水溫如果移到室內，我就會耐不住，而且屢試不爽。

或許，在相對較屬自然的空間裡，因為感受到自己的身體被支持著，自身的能量反而湧現出來。我是如此相信著：把自己投入到比較嚴峻的環境裡，身體會比較好；用太文明的方式被保護的身體，就會太過嬌柔。

大自然就是能量的總源頭，身體則有個秘密通路能夠與之對應，當身體接收到這樣的能量，於是感到有力。可悲的是，被都市文明包裹得太緊密的人，就算來到天地之間，也無法支取到大自然的充沛能量。

當啾啾和比嘎還小的時候，每次帶她們遠離塵囂，姊妹倆的眼神便顯得特別明朗，整個人充滿了舒展的感覺，就好像植物汲取到陽光一樣。在大自然中，我看到了這兩個孩子的茁壯。

從大自然得到的啟發，是坐在課堂教室裡無法取代的。親近大自然，並不需要什麼花費，唯一要做的就是付諸行動。走進大自然，有時比我們去聽哲學課、宗教課還來得更有啟示，因為大自然的能量是如此源源不絕地供應著我們。

親子聽音樂

從大自然汲取生命之泉

推薦曲目：貝多芬「田園」交響曲

蘇軾在〈前赤壁賦〉有言：「惟江上之清風、與山間之明月，耳得之而為聲，目遇之而成色，取之無禁，用之不竭，是造物者之無盡藏也，而吾與子之所共適。」藝術家從大自然中汲取生命之泉，轉化為各種形式，灌溉欣賞者的心田。縱使身居蓬室，足不出方丈，聽一支曲，誦一篇賦，觀一幅畫，也能餔啜天地精華。

每當沉浸在貝多芬「田園」交響曲閎隆的聲波之中，總可以淺嘗幾分天人合一的甘味。天地無限好，所以「田園」無比好。

第六章 生病我最大

「一定要幫助孩子，從誕生到這個世上開始，就要擁有好的生命品質。
只要身體不舒服了，鼓勵孩子隨時表達，給予傾聽、支持和陪伴。
一旦享受到健康帶來的報償，孩子自然會珍愛自己的身體。」

我是個從小為氣喘所苦的人。大概十歲的時候，一次感冒沒有根治，之後轉變為支氣管炎，這個病就一直跟著我到現在。

婚後，我進住的是一個老舊的房子，可能空氣品質、濕度、粉塵，都不利於我的身體。就在生下啾啾的前一年，身體狀況突然變得很糟，幾乎一年三百六十五天每天都喘，每天都得吃藥把病勢壓下來，這情況一直到三十九歲才逐漸好轉。

為病所苦，就像以債養債

在我氣喘最嚴重的這段期間，正是我人生的建造期，正要放手好好打造自己的家庭，我沒法把注意力放在身體的健康上，因為有太多的夢想要實現，太多的企求要滿足，太多的責任要扛起，太多吸引我的事物讓我完全不想停下腳步去照護身體。那時候，只覺得生病的我好渺小、很無助，我乾脆把健康擺在一邊，把心力焦點放在工作、放在家庭、放在學習、放在尋找快樂上。

當時有一種深刻的反差，我常常從痛苦的陰霾中，默默地注視著女兒活潑健朗的神態。對於二十多歲的我來說，要把自己的健康照顧好，是深深感到無能為力的。可是當時的我，卻相信可以協助我即將擁有的孩子保持住健康，把她養得很好。健康這件事，必須從一開始就要細心照料，才不至於以債養債，最後被債務淹沒了。持續靠藥物度日的我，就像借了高利貸一樣，債務愈滾愈多。

有了這樣的體認，我希望孩子從小就保持身體強健。

隨著孩子的成長，看到她們愈來愈健康、愈來愈強韌，而自己的很多願望也在養育孩子的過程中同時達成，我才開始真正有餘裕照顧自己的身體。

協助孩子從小覺察身體的變化

只要孩子的身體一有異樣，在病程尚未完全開展的時候，我便立刻陪著孩子，協助她們去覺察自己身體的變化。當身體感到不適的時候，大人往往因為有太多事情要忙，反而不去注意身體的警訊；小孩子也是這樣，即使不舒服，卻還是吵著要吃速食。父母若不在此時適時插手，提醒他注意身體的細微感受（「其實現在已經不適合再進食囉。」），孩子是沒辦法自己衡量輕重的。（到底滿足口腹之慾比較重要，還是該好好休息、清空一下肚子比較重要？）

當孩子剛有點不舒服的時候，心裡總有些猶豫，很難做出對自己真正好的決定，而我會在第一時間跳出來，幫助孩子發現這樣的問題，讓她們知道：此時必須透過充分休息和自我節制，讓身體得以恢復，只有身體復元了，所有需欲的滿足才會帶來真正的快樂。

只要孩子的體溫有點改變了，眼神顯得特別疲倦，身體出現呼吸道或消化道的問題，即使她們還想要玩，我也會馬上讓她們安靜下來，以便感覺自己的身體。我不要孩子和我一樣，一輩子為不健康所困。

經過這樣的養成，她們有時也會主動告訴我，覺得身體哪裡好像怪怪的。她們知道父母會在第一時間給予關注。

總之，從孩子還小的時候，就要協助孩子，懂得覺察自己身體的細微變化。真正的健康是身

今天的快樂必須是明天的祝福。健康的快樂是累積，而不是損耗。（應志遠 提供）

心合一的健康，在體驗一再復元的過程中，由稚嫩蛻變為健壯，讓健康成為孩子心智力的最佳保障。

陪伴孩子從生病中復元

有了孩子的我，對她們各方面都非常注意，而小女兒比嘎偏偏就是過敏體質，只要她的身體有任何異狀，我會陪在她身邊，讓她停止正在做的事，功課可以停下來，玩耍可以停下來，所有事情都可以擺在一旁，就是要靜下心來，感受自己的身體從異常回復到正常。有時我都已經把她送到學校門口了，但只要發現她有一點流鼻水，就要她繼續待在車上。好多次她都眼睜睜地看著晚來的同學走進校園，然後上課的鐘聲響起，她卻硬被我留在車上靜坐休息，直到身體好轉才能進教室。

孩子只要能夠把注意力移回到自己身上，不管是胃痛、過敏，情況就會好轉。隨著孩子漸漸長大，她們已經很習慣經常處在精神飽滿的狀態。我深信，身體能量充足的人，就容易擁有快樂。

並不是說給予很好的照顧，人就不會生病；反過來，也不是說沒有得到父母的細心照護，人就一定不健康。我的原生家庭裡，大我八歲的二哥就一直很健康，他從小比較會照顧自己，情緒不會太亢奮，生活有節制，飲食簡單，學生時代就常運動，做瑜珈也練書法。我從旁觀察他，發現他是個懂得讓自我身心達到平衡的人。

相對的，我的性格裡總是很容易被有趣的事物吸引，過去如果身體微恙，不免容易忽視它。我深切地體認到，當一個人的意念外散，太輕易被外在的事物所吸引，當疾病來襲時，會讓他失去警覺，長久下來，健康難免亮起紅燈，甚至一輩子都要付出嚴重的代價。

在我們家，只要孩子為了身體不適的緣故，提出不想吃飯，需要早睡，或是請假在家休息的請求，我們都會給予支持，也都相信孩子不會以生病做為不去上學的藉口。當她們請病假在家休息，經歷著能量回補的過程，偶爾我也會請假在家陪伴，這會讓孩子感到格外地幸福。

一個人恢復健康的過程，是沒辦法經由人為設計、刻意製造的，然而這個過程卻很珍貴，一旦發生了，就要即時去把握它。生病的時候是誰陪伴他，誰來教導他，孩子會感到特別的深刻與甜密，而陪伴者也會成為他生命中最信賴的人。

所以，陪伴孩子從生病中復元，是我一直用心在做的事。「生病我最大」代表孩子可以得到父母完全的支持，很有餘裕地去感覺身體復元的歷程。

回想養育兩個孩子的過程中，最常聽到長輩給予的一句忠告，就是覺得我們給孩子穿得太少了。我聽過一個說法，如果在幼兒時期讓孩子能夠適應各種溫度，長大後對於溫差的調節力會很好。我家孩子只要到了夏天，身上通常就只穿一條紙尿褲，即使冬天也只需要穿一兩件衣服，不像某些孩子的衣著像裹了厚厚的棉被在身上似的。不過，只要一發現她們的身體調節不過來，就立刻為她們補足衣服，卻不會一開始就讓她們穿一堆衣服在身上。我的原則是，只要孩子不喊冷，也沒有任何不舒服的癥狀，我們就不會為她們加衣服。

小孩子的身體需要鍛鍊，當他們有調節不過來的時候，再為他們添加衣物，支持一下身體，以便回復到原來的狀態。假如為了怕孩子生病，平時保護過多，難免容易變成溫室中的花朵。父母給孩子的保護愈少愈好，但這樣做的必要條件是，父母要在一旁保持警覺，能夠在第一時間提醒孩子，才不會不明究理地病倒。經過一次又一次的鍛鍊與調適，孩子的抵抗力便會增強。

人生追求的四種品質

在為病苦惱的這幾年，我曾仔細思考過：「活著」的目的是什麼？我認為，人的一生是在追求四種品質。

第一種是「生存的品質」。有些人終其一生，或許只停留在追求生存的品質，這樣的人可能會希望孩子盡量把書念好，成為「有用」的人，擁有好的收入、好的社會地位，也因為著眼點始終在「生存」上頭打轉，常常會失卻掉一些更重要的事。譬如我的氣喘病，某種程度就是這樣埋下了病灶。

生存的品質，僅僅是一種追求保障的品質。當生存需求得到滿足之後，人們還會想要追求第二種品質，也就是「生活的品質」。

我們都希望待在家裡就是舒舒服服的，該享受的東西都有，但如果只耽溺在這個層次，就只是為了追求配備的品質。比如聽好的音響、開好的車，甚至是漂亮（帥氣）的配偶、體面的工作、亮眼的文憑……在我看來，這些都只是配備。人在年輕的時候，容易去追求這些，我也不例外。

生了孩子以後，我知道生存與生活的品質是我可以直接給她們的，但是有一件事卻需要我們共同去完成，那就是第三種——「生命的品質」。

這是我的第一個木雕作品。當時我三十出頭，常常透過創作浸淫在精神上的快樂。

所謂生命的品質，就是一個人能夠活出該有的品質。比如吃東西很有胃口，上廁所覺得很痛快，身體很矯健敏捷，心眼手彼此協調，熱愛運動，充分享受汗水淋漓的暢快，感覺到自己是個很棒的生命體。這些正是我感到最為缺乏的。

所以，我認為一定要幫助孩子，從誕生到這個世上開始，就要擁有好的生命品質。我陪伴她們體驗身體復元的過程，給予她們良好的健康概念，也用自己做為反面教材。兩姊妹從小看我老是吃藥、老是為病所苦，覺得爸爸真的好可憐，她們更會注意，絕不要步上我的後塵。

我家兩個孩子至今飲食極為簡單，偶爾吃點零食在所難免，但她們並沒有時下一般人不良的飲食習慣。她們也不約而同告訴我，離家獨立生活後，她們幾乎是不吃藥的，當太累、太疲倦、身體微恙的時候，就是堅持要休息，也通常能在短短兩、三天內，靠著自我療癒而恢復健康。有時連我建議她們吃一點西藥無妨，她們仍堅持要讓身體自己復元。由於從小養成「對自己的身體保持覺察」，她們大概都知道此時身體發生了什麼狀況，怎麼做才能讓身體迅速恢復健康。

從兩姊妹的表現，我確定自己給予的教育，是具體有成果的。她們對身體有強烈的自主性，對健康有強烈的責任感，不會為了慾望，去吃不健康的食品，作息也不會讓自己透支。

生命的第四個品質，我稱之為「存在的品質」，那是一種心靈的品質，也是我和孩子們互相激勵要去達成的品質。假如「生存的品質」是門檻，「存在的品質」就是堂奧。

如果我們擁有好的專業能力和工作態度，生活中所需的配備都已足夠，身體各方面狀況都很好，也就是前述三種品質都具足了，並不意味著我們已經達到最好的狀態。最終，我們還要能夠跟大自然、跟身邊的人產生很好的共鳴，這就是「存在的品質」。

從三年前開始，我固定每天游泳，至今大半的時間我都游冷水，即使冬天寒流來襲的低溫也不例外。除了鍛鍊身體，在極度的靜謐中，我體會到大自然的溫柔穿透全身的細胞，覺得活在大自然中的我有種很深的歸屬感，覺得自己活在無比的恩典中，這就是一種存在的品質。

今天的快樂，必須是明天的祝福

人一定要正視健康。我發現很多追求精神上快樂的人，包括以前的我在內，都因為忽略身體這個小宇宙，而吃足了苦頭。我的孩子卻沒有吃過這種苦，她們面對身體小小的不適都能當機立斷，用正確的方法自我恢復。

過去的我一再地追求精神的、存在的快樂，卻讓身體陷入極大的不適與痛苦；「存在的品質」雖然好，「生命的品質」卻很低。因此，對現階段的我來說，唯有「生命的品質」是我要格外堅持的。「生存的品質」我早已具備，「生活的品質」也超越我的需要許多，「存在的品

質」我已有很深的體會，只要讓我的「生命的品質」維持在一定水平，其他三種品質便能相得益彰，幸福指數自然上升。所以，「生病我最大」，堪稱是我們家的基本守則。

當我十歲氣喘發作的時候，曾被帶去看過一兩次病，但並沒有完全復元，之後便不再治療，而是使用許多奇奇怪怪的偏方或另類療法，卻還是得不到真正的療效，也愈來愈感染到母親的焦慮。為了逃避，我開始隱瞞病情、偽裝自己，為了不讓母親發覺我在氣喘。只要知道母親在注意我，或者夜半來到身邊檢聽呼吸，我都設法憋住，直到她離開、入睡後才繼續喘。

確定了我的氣喘是必須長期與之為伍的慢性病，我一方面意識到自己不可能用全部的心神去保有健康，另一方面又極度渴望盡情去做所有想做的事情時，我便選擇放棄好好對待身體。早年有許多朋友都曾為我的健康捏一把冷汗。

可是我對孩子的態度卻相反，我要她們從小就知道，只要擁有了生命的品質，所有其他的品質都可以靠努力得到。我先讓孩子健康地幫我活一次，當我看到她們活得非常好了，都有專業能力，也有自主獨立的責任感，我的心理負擔都放下來了，過去想要追求、想要了解的一切都探索夠了，也沉澱下來了，終於，我的生命中還有一樣需要好好地注意，那就是健康。

以前的我，幾乎無法預料明天的我身體會是什麼狀況，家裡到處備滿了藥，甚至還擺著氧氣筒，為了維持工作品質，持續用高劑量的藥物把我的病情壓下去，這麼多年下來，我竟然沒有肝腎方面明顯的問題，也算是奇蹟；而現在的我，保持規律的運動、情緒的穩定，也因為有足夠的休息，我可以很從容地面對每一天，至於氣喘，大多只在入冬和初春時才會復發。

年輕的時候，我把快感等同於快樂，當某種需欲或頑念得到暫時滿足的時候，便覺得心理負擔減輕很多，就以為自己是快樂的，但事實上，我的身體是被過度消耗的，整個人也是焦慮不安的。那時候，為了獲取短暫的快樂，卻常常用隔日一整天的痛苦來交換。而如今，隨著生命品質的提高，我對「真正的快樂」的體認是：今天的快樂必須是明天的祝福，它應該是一種累積，而不是耗損。

對身體保有自主性，才是長久健康的保證

許多父母都會著意讓孩子吃得營養又豐盛，可是這些被父母照顧得很好的孩子，有一天當他們能夠自己選擇食物了，有的人卻開始拚命吃不健康的食物，吃到父母都覺得心疼了，也拿他們沒辦法。我們家卻相反，孩子小的時候，我們未必樣樣食物都那麼講究，有時因為太忙碌，也會買現成的東西回來吃。但我認為，一個人的身體健康與否，不完全取決於是不是從小在飲食上吃得很好，而是他自己有沒有從內心體認到，健康的身體是生命品質的保障，而這種快樂是無法被取代的。當他體會到健康的真正價值，享受到健康帶來的報償，他就會珍視自己的身體，包括飲食。

你想讓孩子變得更健康？我的方式是，讓她們充分體會到快樂、幸福的滋味，也讓她們知道，原本這些垂手可得的快樂，會因為身體不健康而失去了。也因此，我的孩子對於擁有健康這件事，有很強烈的信念。有了這樣的信念，即使她們離開父母身邊，去到世界各個角落，接觸迥異的飲食與生活習慣，她們總會回過頭來問自己：我現在的身體感覺好不好？會不會太勞累了？還是有點太懶散了？

唯有當孩子真正體認到，自己對自己的健康負有完全的責任，對自己的身體有強烈的自主性時，即使把他丟到別個國家去，他都不會放棄讓身體保持均衡的狀態。譬如，姊妹倆都知道，透過清淡的食物、充足的睡眠，她們的身體很快能恢復到良好的狀況；偶爾吃壞肚子了，只要稍微有點警覺，大概知道是什麼原因造成的，她們就會記取教訓。

如果一個孩子從小就很喜歡自己的身體，從小就願意跟父母談心，當他的身心有任何負擔時，就會積極地去面對它、預防它。

要讓孩子知道，只要身體不舒服，隨時都可以表達，而父母是這麼地願意傾聽。他可以把自己的想法、希望得到的對待都提出來，並且會獲得一定的支持。

當孩子心理上沒有恐懼、沒有疑惑，身體方面隨時有大人從旁提醒，就能為他的健康奠定極佳的根基。

忽視自己心理的人，也會忽視自己的身體

除了身體的健康，孩子心理上的健康也要加以照顧。一個忽視自己心理的人，也會忽視自己的身體。

如何判斷一個孩子的心理質素呢？只要他的眼睛是發亮且專注的，臉部表情是放鬆而愉悅的，他的心理通常就沒有什麼負擔。一個人只要精神上是快樂的，活得很有樂趣，總是充滿活力，樂意從事各種活動，吃的東西只要別太離譜，整體來說就是健康的。

在我們家「快樂至上」，那是最優先要保有的東西，哪怕第二天要考試了，考最後一名也沒關係，不要去打斷它。習於精神快樂的人，他們不會願意讓病痛住在身上，不會想要冒不能快樂的風險。

所以，人是需要補「精神」的。一個精神不好的人，吃再多的營養品，還是會漸漸凋萎；而當一個人精神煥發，他的生理機能自然比較好，身體也能按照所需，將吃的東西充分吸收。

我的兩個孩子很少生病，也不怎麼怕冷，她們都說，只要一發現身體有異狀，身體自然會要她們少吃東西。大女兒啾啾說，她還發現只要吃得少，身體會更有精神。人的身體其實需要很多種養分，而食物只是其一，其他像是做瑜珈、聽喜歡的音樂、跟心愛的人一起散步、和貓玩耍、到樂團拉「貝多芬第七號交響曲」……如此，全身才能充飽了養分。

如果在精神上享有快樂，消耗的能量不但有限，甚至可以得到能量的補充。

在教養孩子的過程中，我常常有很強的直覺，覺得自己掌握了許多方法，根本來不及用到自己身上，要趕快先用到她們身上，那是一種身為父親的本能。就像當了母親後，所有生理上的機能都是為了支持她養育孩子，而提升到最佳狀態。我覺得做為一個父親也是這樣的。如今我把用在教養孩子的智慧，也用在自己身上。孩子的眼睛就像一面鏡子，可以把能量完全映照出來。

對成年人來說，想要重新打通獲得能量的通道，或許必須透過持續地修為；可是小孩子卻是天生的，看到喜愛的事物，馬上兩眼發亮，碰到友善的人，馬上變得開心，可愛的動物、好聽的音樂、寬敞的空間……小孩身上接收能量的管道是敞開的，這些美好事物的能量一旦進入，身體立時便能湧現活力，一點都騙不了人。

為身體汲取三種能量

人的能量來源主要有三個：一是大自然的能量，一是心靈的能量，還有一個，就是我們身體的能量。

「親密真美妙」，就是讓孩子透過親人的心靈得到能量；「天地無限好」，是從大自然得到

做瑜珈、玩體操、聽音樂……我們的身體需要各種養分。

能量；而「生病我最大」，是從復元的過程中，感受到身體就是個大能量場。

就算一個平常容易忽略健康的人，也能夠從痊癒的過程中感受到身體的能量。有些人甚至在康復後，感到比生病前更健康，我就是最好的例子。得了憂鬱症之後，經歷一段辛苦的自療過程，卻也從那個時候得到轉變的契機。現在的我，身心的健康狀態，比年輕時好得太多了。

最近，我的二姊邀請我到她的幼稚園帶音樂欣賞課。接下來我想要嘗試去發現：孩子能不能透過音樂，汲取到另外一群心靈境界高的人的能量？

透過心靈境界高、精神力量大的作曲家做出的美好音樂，再透過一群修為好的音樂家的演奏，再有好的錄音、好的音響播放出來，經過如此漫長與繁複的過程，人有沒有辦法從中汲取到出自於人、卻高超非凡的能量？如果能夠汲取到，那麼就是一個真正把音樂聽進去的人。如果沒辦法從美好的事物、美好的音樂汲取到能量，那麼從外加諸於孩子的種種教育，都只是灌輸，而無法真實地產生幸福作用。

過去我常常觀察自己的孩子聽音樂的情狀。譬如，她們很喜歡跳芭蕾舞，而且一定要聽「布拉姆斯第二號交響曲」，這是一首很有能量的曲子。只要音樂一放出來，她們的身體接收到能量，便忍不住要起舞，加上本身對於舞蹈的熱愛，兩者搭在一起，她們簡直可以一直狂舞下去。

生而為人，我們離不開這個身體，那麼就好好地認識身體這個能量場吧！

天地自然宇宙恰如我們的父親，身體則是我們的母親，而我們跟其他靈性高的人若也能夠互通，這三種交互關係，至為重要，也是做為父親的我，務必要陪伴孩子去深刻體會的。

親子聽音樂

音樂需要慢板，人生需要慢板，養病最需要慢板

推薦曲目：巴哈第三號管弦樂組曲之「旋律」

生病的時候，就是該修正的時候。放下思慮，調整飲食，補足睡眠，適度運動，健康能不好轉嗎？這是任誰都明白的道理。只可惜現代人的腳步停不下來，所以養生之道知易而行難。

記得四十歲那年的仲夏，自巴黎返鄉度假的第三天，就掉入憂鬱症的黑洞。隨後的半年多，巴哈和莫札特的音樂顯現神奇的力量，幫助我爬出洞口。他們的音樂可以滲入靈魂的底層，滋潤沮喪的我。其中有一張唱片收錄了許多巴哈作品中的慢板樂章，彌足珍貴。改編為G弦之歌的第三號管弦樂組曲之「旋律」（Air）亦在其中。這首耳熟能詳的曲子，猶如雪中送炭，安慰至深，不能不分享給各位。音樂需要慢板，人生也需要慢板，養病最需要慢板。

第七章 爸爸是隻大猩猩

意志力的鍛鍊，讓孩子滋養抗壓性，穿透並掌握情緒。
堅定的管教，讓孩子脫序的行為得以導正。
卓越的鞭策，要留心分寸，也要有足夠愛的積存。

從小鍛鍊孩子的意志力

啾啾和比嘎在童年時候，竟然不約而同都做過類似的一個夢，夢中的她們非常慌張地向前奔跑，回頭一看，發現爸爸化身為一隻毛絨絨的大猩猩，在背後不停地追趕她們。大女兒啾啾夢中的大猩猩，手上還拿著一隻小提琴的弓。

當兩個孩子長大後跟我分享時，心中看似並無陰影，反而用著開玩笑的口吻，因為沒想到姊妹倆竟然做過同樣情境的夢。我卻覺得「爸爸是隻大猩猩」總不會是件好事，也不斷地自我檢討，為何孩子夢中的我，會以一隻大猩猩，一個比較強烈、甚至帶點暴力的形象出現呢？

或許可以從三個面向，來回溯孩子做出這樣夢境的原因。

首先，可能跟一般家長比較不一樣的，我非常重視「意志的鍛鍊」。小孩子的心性是，不論喜歡或不喜歡的事物，往往斷然分明，一變得不喜歡就逃掉了，不會固著在一個點上，而有持續性的追求。孩子們從小就擁有父母全心的對待與供應，擁有安全無虞的環境，很容易浸潤在幸福中，最後變成一個柔弱或任性的生命，我認為這是危險的。因此，有必要在她們無憂慮的日常生活中，加入意志力的鍛鍊。換個說法，就是「他律的磨練」。

要讓孩子擁有耐力、毅力，以及不斷增長的專注力與抗壓力，通常需要「他律」的要求。所以，啾啾從兩歲半、比嘎從三歲時開始，我就要她們每天坐在我面前，由我親自教她們背古詩。後來，姊妹倆分別主動想跟我學小提琴，從此拉琴也做為她們每天的功課之一。我教孩子背古詩或拉小提琴，與時下「讓孩子贏在起跑點上」的動機並不相同，純粹只是做為鍛鍊意志力的方法。

小提琴是操作非常困難的樂器，在她們還沒開始學習前，我就告訴她們：「拉琴很辛苦唷！一但學下去，爸爸可是很嚴格的老師喔！」她們還是堅持要學。縱然在我嚴格指導下，她們承受了極大的壓力，我也常在各個階段詢問她們要不要就此打住，但姊妹倆從沒說過要放棄。即使後來我們發現妹妹不像姊姊那樣適合走音樂的路，她也持續拉琴到高中畢業。孩子們似乎也感覺到，這樣的堅持與鍛鍊，有著某種信念上的質地。

透過他律的訓練，讓孩子學習掌握自己的情緒

為什麼需要「他律的磨練」呢？

我認為，一個人如果無法擁有掌握自我情緒的能力的話，他的人格會產生一種傾斜。我看到有些孩子，他感謝父母給他的一切，跟別人也能和平相處，喜歡的時候盡情喜歡，不喜歡的時候爸媽也允許他隨時離開，他感覺這個世界好柔軟喔！大家都好善待他喔！這樣的孩子雖然幸福，卻是在溫室中長大的孩子，他的內在不曾滋養過抗壓性，對一件事情的追求不夠持久，便無法穿透情緒的低潮。缺乏意志力的孩子，就像是沒有骨頭的軟體動物。

在我們家，每天一定有半小時到一個多小時的時間，兩個女孩必須很安靜地坐在我面前，跟著我一字一句地念詩。當初我給啾啾讀的古詩，還是線裝書呢！我也不為她們解釋詩句的含義，主要是把《唐詩三百首》當做一項工具，讓她們可以習慣不斷地重複做一件事，不斷地深入並熟練它。練小提琴也是一樣，她們必須非常恭謹地、規律地一再練習。

有時我的要求已幾近於「斯巴達」等級，我的態度堅定、強烈而持續，她們也從我的態度充分明白到：關於意志鍛鍊這件事，是沒有轉圜餘地的。有時孩子因為太疲倦而達不到我的要求，我仍然要她們繼續調整、自我突破，現在想想，還真是挺殘忍的。不過在當時，我的確有意透過軍事化般的訓練來磨鍊她們，希望她們不管在情緒、體力，或者其他外在條件浮動

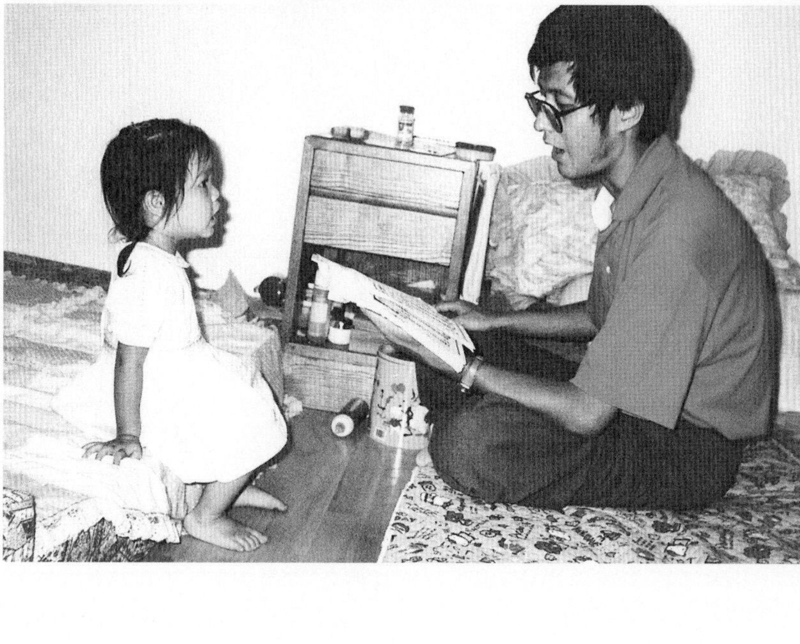

兩姊妹從三歲起，我就教她們背古詩，培養耐力和專注力。（應志遠 提供）

的情況下，還是可以達到一定的水平。

每天這個時段，很明顯地跟一整天其他時間的氛圍是很不一樣的。她們整天都可以竭盡所能地玩樂，享受溫馨的家庭生活，爸爸是她們最好的玩伴；但是也一定會有將近一小時的時間，爸爸會呈現出最嚴厲的一面。當她們盤坐在我面前的時候，我就是她們的老師，而不是父親。

我想，這樣一個絕對嚴格的鍛鍊，或許便是形成她們內心那個爸爸是隻大猩猩、大金剛的原因。我代表了不容質疑、不能挑戰的權威。

堅定的管教，從嬰兒期就開始

第二個原因是，我堅持要有堅定的管教。而這樣的堅持其來有自。

我在念研究所時，有一回到老師家做客，那時正逢過年期間，老師家族三代同堂，聚在一起吃團圓飯，也邀請我們幾個相熟的學生。就在準備入席的前一刻，老師弟弟的兩個小孩一聽到父母不遵守承諾帶他們去吃速食，而是在爺爺奶奶家吃飯，突然就大鬧大吵起來，無論所有的長輩如何勸說、善誘、條件交換，就是不肯善罷干休。雖然大人也沒有妥協，但當我離開老師家的時候，這件事還沒了結。這位老師是我敬重的一位儒雅學者，整個家族卻對兩個孩子束手無策。

看到這一幕，我當時就在心中摹想，假如我是孩子的父親，第一步，我會先跟孩子溝通、道歉，請他們必須諒解這是個非常時刻，我也會提出很有誠意的補償辦法。如果孩子還是一意孤行，導致整個家族的平和被挑戰與破壞，我的第二步就是提出清楚的處罰方針。假如孩子軟硬都不吃，那麼第三步就是嚴格執行我宣告的處罰方式。處罰過後，等到孩子的情緒平復了，接下來的第四步，我會帶著孩子重新回顧這整件事情的經過，讓他們看清楚前三個步驟，然後整體回歸到平靜。

父母一定要堅持有原則的管教。原則可以有緊、有鬆，但沒有原則便是個災難。

面對啾啾，我完全沒使用到管教原則，但比嘎出生後，我就真的用上了。

比嘎快一歲的時候，我就發現她有這種無理取鬧的傾向。記得有一次我們全家人一起吃芭樂，每個人都分到一片，比嘎的並沒有比姊姊的小，可是她就是要搶姊姊手上的那片。我立刻出面制止，還要太太在一旁用相機拍下整個過程。很多人會以為孩子還那麼小，聽不懂道理，就要大的讓小的；但我不這麼認為，我很堅定地告訴比嘎，每個人都有一片自己的芭樂，搶別人是不對的。比嘎被我這麼一說，表情變得錯綜複雜，像是自尊心受損、又拉不下臉來、又覺得委屈。我告訴她，如果她停止強奪，就還是可以吃到原來的那一片，她的表情變得想拿芭樂、又不知該不該拿。

處理孩子的偏差猶如救火

這不是唯一的一次。在比嘎的成長過程中，類似這種不顧他人利益、不管他人感受，突然一股勁兒上來，就是非要遂行自己意志的情況不計其數，而我也一定嚴格執行我的管教，決不容她挑戰父母的界限。

一些親友通常只看到我處罰比嘎的那一面，認為我太過嚴厲，只有我自己心裡明白，面對比嘎的教養問題，我必須像個藝高膽大的外科醫師，務必得在恰當的時機點、適當的部位對她施行矯正手術，看起來像是在傷害她，用意卻是要挽救她。

一直到大學畢業，比嘎要去法國念書前夕，才終於心有所感地對我說，她恐怕遺傳到家族的強迫症，才會一個念頭起來便非要遂行其意，搞到所有人天翻地覆不可。到了法國之後，在跟男友相處的過程中，她有時也會鬧一下脾氣，她的男友較為年長成熟，能夠包容她，而她也願意聽他的勸告做出調整。如今，她由衷地感激父母對她的管教，要不然真不知道自己會變成怎樣可怕的人。

我深深體認到，如果沒辦法適時讓孩子知道，他個人脫序的行為已然引起公憤，所有人都

對人際社會有正確的認知，孩子才能活得更從容自在。（應志遠 提供）

希望能夠制裁他，而做父母的卻基於對孩子的疼愛就一再容忍，使得孩子完全沒有意識到，只要走出這個家庭，他的脫序行為會為他引來莫大的災難。父母對孩子的疼愛與容忍，若致使孩子不能認清自己、不斷冒犯他人，也沒辦法理解社會普遍的一種制衡作用，這對於孩子將是極大的損失，因為他對人際社會缺乏了正確認知。

在堅定的管教中，父親這個角色無疑扮演了社會的縮影，必須讓孩子知道，社會上的人對他的真正感受是什麼。

有時比嘎和我的學生相處遊戲時，會突然想以身為老師女兒的身分來撒野，但每每被我看出端倪，非但不容許她得逞，還讓她得到應有的處罰。如此，原本氣惱她的玩伴氣消了，覺得老師主持了公道，比嘎也受到責罰，彼此又可回復原來的友誼關係。

但我也必須承認，二十多歲、三十出頭的我，的確會有管教過頭的情況出現，那是我當時的局限所在。有些問題確實需要足夠的智慧才能看出真正的原因，但我總不能等到自己的智慧具足了，才來處理孩子的問題。縱使我知道自己的管教恐怕偶有偏差，但身為父親的我，還是必須像救火隊一樣，縱然一時找不到起火點，先得滅了火要緊，然後一邊進行撲救，一邊尋找起火的理由。

我跟孩子們道歉，說自己當年對她們的管教太嚴厲了，也很在意孩子是否留下陰影；但兩個孩子都說，她們其實不太記得細節，只覺得爸爸很兇，才會夢到爸爸是一隻大猩猩。

卓越的鞭策，父母要留心分寸

還有一個讓我變成大猩猩的原因，就是卓越的鞭策。

意志力的鍛鍊，是用在兩個女兒身上；堅定的管教，主要是針對小女兒比嘎；而卓越的鞭策，則是針對大女兒啾啾。

學小提琴也是一種意志的訓練。雖然老爸嚴厲無比，姊妹倆從不輕易放棄。（應志遠 提供）

我在家庭條件很拮据的情況下開始學習音樂，經過拚命的努力考進音樂系，我對於音樂的成就有極高的渴望，然而在自己身上顯然是無法達成了，沒想到大女兒啾啾有這樣的天分，她也一次又一次地證明，的確表現得愈來愈優異。可是每次比賽她得了第一，我只高興得片刻，馬上又希望她能在更大的比賽中得第一。我的慾望隨著她的獲獎快速地成長，有時甚至超過她進步的速度。究其原因，正是我的自卑感讓「望女成鳳」的傾向變得特別強烈。

往好的地方看，啾啾自己認為，由於爸爸對她的要求總是這麼嚴格，所以基礎打得扎實；往壞的地方看，我給了她太多的壓力與否定，使她的自信心受到折損。

記得有一次，啾啾到屏東參加一個全省比賽的初賽，雖然最後還是得到第一名，但我對她在場上的表現太不滿意，便因此處罰她。想想那時候，我們真的對她有過多的要求。演奏時要注意的細節其實很多，光是把該做到的部分都表現出來，就是件大工程了，而我還進一步地要求她，必須傳達出自己的樂思，那可能超過了她當時的能力，但當我覺得她做不到的時候，就會非常生氣。類似這樣的情形，我們在事後都會說開，我也會跟孩子道歉，但我相信，一定或多或少在她心裡留下了傷痕。

啾啾在巴黎的第六年，也就是我回台灣的兩年後，我又去巴黎看望她。步出機場的那一天，我對她說，爸爸心裡有一種難過，經過這些年的檢討，我把她帶到音樂圈，而且是演奏界這樣的環境，還是西方人才輩出、競爭激烈的環境，會不會一切只是爸爸的主觀期望，她自己

爸爸是最好的玩伴，也會有像大猩猩般嚴格的一面。（應志遠 提供）

並不真的想要這樣的人生？

啾啾對我說，當我回台灣後，這個問題她已想了兩年。她說，音樂是她生命中完全不可能放棄的選擇，已和她的生命融合在一起了。她可以玩體操、做瑜珈、養貓養狗、做其他許多事情，但是音樂的分量就是不一樣，只要她活著的一天，生命裡就要有音樂。啾啾是個很善良的孩子，她認為有得便有失，因為爸爸對她有期許，相對地也會有要求。

雖然我仍感愧於過去對她嚴厲的鞭策，可能造成她心理上的傷痕，但聽到她這麼說，我感到無比的安慰。在啾啾兒時的夢裡，爸爸是一隻拿了弓、在背後追趕她的大猩猩，這裡頭有淚水，也有歡笑。

有管教，也要有足夠愛的積存

身邊一些朋友都看過我對管教孩子的堅定態度，譬如要求比嘎一定要遵循某個原則。朋友難免會跟我說：「你就好好跟孩子講嘛！孩子會懂的啊！」

身邊的朋友只是偶爾跟我們相處，也只看到了片段，況且，說這些話的人並不需要為我孩子的偏差行為負責，只有身為父母的我們必須負全責。這整個過程，我太太是全程參與也看在眼裡的，她還是覺得，幸好當時有管教孩子，不然比嘎真的會變成一個無法無天的人。

我不希望別人以為我只是個和孩子玩在一起的好爸爸，也不希望被認為只是個逼迫孩子的嚴峻爸爸。我也明白，正因為我們家絕大多數時候都處在正向快樂的狀態，當出現過度的管教或鞭策時，因為有足夠的愛的積存，才不至於對孩子烙印下永久的傷痛。

我慶幸自己在她們的夢中，起碼還是一隻堪稱可愛的猩猩，而不是一隻要把她們生吞下去的大鱷魚。

親子聽音樂

意志堅定，化苦痛為光輝

推薦曲目：貝多芬「命運交響曲」

「我受不了！我受不了！」這是我為「命運交響曲」前八個音配上去的歌詞，目的是為了讓來上音樂欣賞課的小朋友，立即感受到貝多芬所承載的心理壓力，是多麼的巨大。曲中法國號強力地吹出六個重音時，我會雙手緊抓著頭髮，唱出：「我真的受不了！」

這個人盡皆知的樂章，演奏起來不過七分鐘，但是潛心聽完的人並不多。然而，只有深入第一樂章苦痛的聽者，才可能領略第二樂章後的光輝。音樂是如此，人生何嘗不是？無法意志堅定地通過低潮、邁往願景的人，往往也會錯失自己的光輝。為了避免讓孩子變成溫室裡的花朵，爸爸寧願當一隻大猩猩。

第八章 滿足孩子的心願

「在一個受尊重、被愛惜的環境裡，孩子將沒有匱乏感。
在孩子的各種想望中，發掘並支持他真正的心願，
讓孩子體會：這是由我創造的人生，我是自己真正的主人。」

如何判斷孩子提出的要求，是一種真正的「心願」呢？

那是一種發自內心流露出來的深深期待。不是只想去吃個蚵仔煎、想去遊樂園玩那類可以輕意滿足、甚至可被替代的要求，而是這樣的期待有種深度，甚至願意為它付出代價，做出相當的努力。父母若能認真看待孩子的心願並協助他們去達成，親子間的信賴感將更為強固。

達成心願三部曲

滿足孩子的心願有三個層次：首先要滿足孩子的需欲，再者是滿足他們的心願，最後是鼓勵

孩子去完成自己的心願。

先尊重孩子的需欲，幫助孩子達成心願，再鼓勵他發掘並以自己的力量達成心願，這是家庭教育中非常重要的環節。孩子藉著這樣的過程，終將知道：這個人生是他的。

如果一個孩子長大了，他想買一棟敦化南路上的房子，也真的住進去了，會因為這樣就覺得人生是他的嗎？他可能只是家裡或自己的經濟條件好。什麼時候他才覺得人生是他的？就是他可以清楚地知道：他真正想做的事是什麼，而他是唯一能夠去達成、去承擔的那個人，他必須自己一肩挑起。如果只發願，卻老是要別人來幫他達成願望，這就不算是真正的心願。

一個發掘自己心願的人，一定也想要自己去達成這個心願。一旦做到了，他不只擁有了這個心願，那種發自內心的滿足感與充實感，是任何事物不能取代的。

身為父母，不妨透過這樣一個「達成心願三部曲」，讓孩子去體會：這是由我創造的人生，我享有我的人生。在這個過程中，我是真正喜悅的人，我是自己真正的主人。

需欲未能滿足，就會無限擴張

先從需欲的滿足談起。

我小時候不算是需欲特別多的人，偶爾有點好吃好玩的，很容易就快樂了。我們家是個典型的公教家庭，父親又特別節省，所有需要透過物質、需要額外花費才能達成的事，最好一開始就打消念頭，因為若有這種想法，最後得到的反而是傷害。我們家是希望孩子節制，而非滿足孩子的需欲。

我雖然也懂得怎麼不花錢就可以玩得很痛快，但在成長過程中，偶爾還是會有口腹之慾，尤其看見鄰居孩子可以用零用錢去買蚵仔麵線吃，我卻做不到。上了國中後，對於物慾的不滿足感也愈來愈明顯。

記得有一次家裡煮蛤蜊湯，那天家裡有三個人吃飯，就只煮了七顆，我又特別愛吃海鮮，那時我多想吃到其中的三顆啊！可是一想到自己至多只能吃兩顆，真是痛苦又糾結，結果因為想到可能連兩顆都吃不到，就索性連一顆都不吃了。還有一次吃餛飩也是，明明一碗的分量對我來說已經不夠了，卻還要分出一半給放學回來的哥哥吃，賭氣之下，就連原本的那一半也放棄了。

後來遇到了我太太、組織家庭之後，她這個人十分慷慨豪邁，知道我愛吃蛤蜊，簡直就是無限量地供應，這麼多年下來，恐怕也吃掉不下一萬顆吧！我不禁想，童年時如果多吃到一兩顆蛤蜊，當時的需欲就可以得到滿足，而需欲不滿的結果，竟是長大後要吃一萬顆才補得回來。

一顆顆收藏的石頭，彷如一個個萌芽的心願。父母要協助孩子觀察、發掘自己真正的心願。

由於我自己有過需欲不滿的經驗，便很注意孩子的需求。兩個孩子大都處在滿足的狀態，但也看得出來她們還是有一點要求，比如想在大自然裡多待一會兒，想穿漂亮一點、多打扮一點。假如孩子是在一個受尊重、被愛惜的環境裡，這自然而出的需欲，是讓她們維持愉悅感的一種需求，我很清楚地知道，我不要讓孩子有匱乏感。

因為需欲沒被滿足，而產生欲求不滿的頑念，這種傷害是很大的。差不多自我婚後到三十五、六歲左右，我都極度地喜歡狂歡，吃東西一定要大量的，直到把自己弄病了還不停止。這就是需欲沒得到滿足的後遺症，就像一種慢性病。

一直到我的兩個孩子都長大了，這個病竟不知不覺中好轉了。我現在只吃該吃的，享受節制的快樂，可是以前的我卻非常地揮霍。

我家孩子都沒有出現想要吃很多，或者要求很多玩具這類情況，她們也很清楚，父母不會阻止她們追求自己的喜愛，也從不忽視她們的需要，所以也沒有必要刻意做什麼事來要求或考驗父母。

記得有一次，啾啾陪媽媽去買麵包，媽媽給了她一個她最喜歡的菠蘿麵包後，又繼續拿了好幾個。結果啾啾急了，一直阻止媽媽說：「夠了，不要再買了。」她說媽媽這樣子拿，後面來的人就沒得買了。媽媽很吃驚，我們並沒有特別教她，但即使是她很喜歡吃的東西，她也沒有貪欲。

連兩個孩子的阿嬤也都感覺到，曾經告訴我說，她發現我的孩子沒有匱乏感。

當然有時候，我們也希望孩子能有所節制，通常只要跟她們說一下，也就好了，並不會出現為此抗爭或吵鬧不休的情況。

原來，充分滿足孩子需欲的結果，並沒有讓她們的需欲變得無限擴張。

我經常從學生家長身上看到，某些家長習於否定孩子的需欲，或是給一個不完整的回應做為搪塞，因為他們怕縱容了孩子、管不住孩子。我們家則是盡量不說No，但若碰到原則性的問題，一旦我們說了No，孩子就會想要知道原因，那時候我們講出來的話就必須非常有說服力，孩子也會接受。

孩子願意為它付出，才是「真正的心願」

當孩子的需求大致得到滿足了，沒有積累什麼頑念，便進入到第二個階段——心願的滿足。

講到「心願」，它不一定跟物質有關；孩子或許需要徵詢父母的認可，但不一定需要父母去做些什麼來滿足他。

當孩子開始表現出有心願的時候，就是父母觀察他們的最佳時刻。如果他願意為了這個心願付出代價，那就是他真正的心願。譬如，兩姊妹迷上體操的時候，會跟我們請求，能否讓她們把體操比賽的電視轉播看完再睡覺，她們承諾會盡快寫完功課，隔天早上也會準時起床，不會賴床。看到孩子願意為這件事主動做出調整、和父母協商，我們都很開心。也因此，只要她們在練體操方面有什麼需求，我們就盡量滿足。

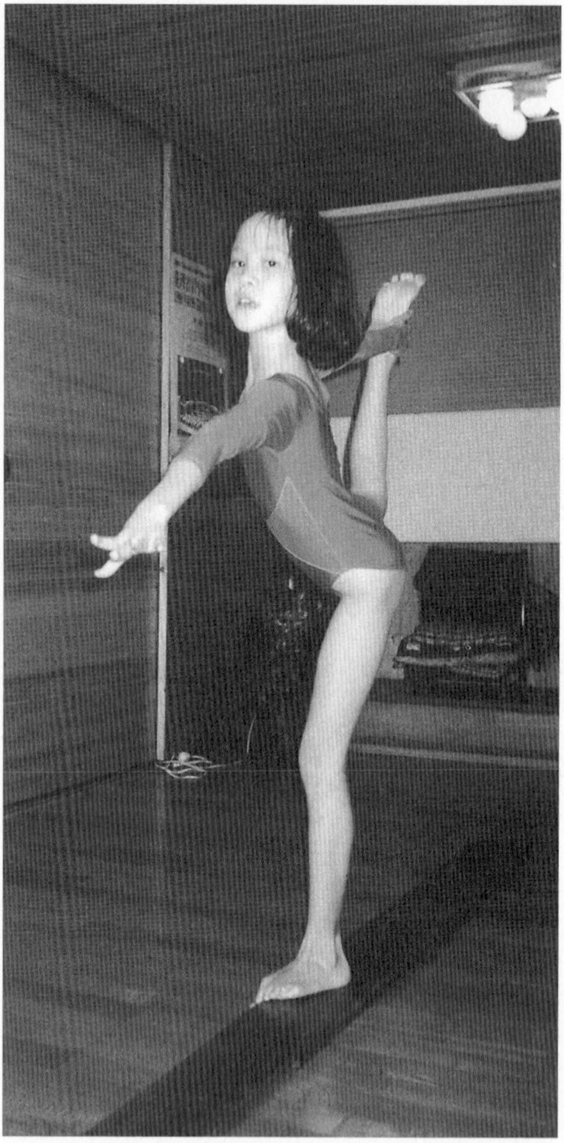

姊妹倆都對體操充滿熱愛。（應志遠 提供）

有一年，某企業舉辦了一場國際性的體操邀請賽，一些亞洲好手都齊聚台灣。兩姊妹從媒體上看到這個消息，對我們提出想去現場觀賽的想法，一時也不敢妄想真的能去成，因為那並不是免費的活動。我們感受到孩子是如此渴望想去看這場比賽，我就真的買了票，帶她們去當時的中華體育館看。直到現在，姊妹倆只要一提起這件事，還是很感謝爸媽的成全。即使現在，在法國生活的啾啾，可以自己去看來自全世界體操好手的競賽，但卻覺得，當年第一次在台灣親眼看到的比賽，那種感動是永遠無法被取代的。老實說，當年所花的票錢也不算多，想不到帶給她們的滿足與快樂，可以從看比賽那天一直持續到十幾年後的今天，當真出乎我們的意料。

一旦經由父母的協助，讓孩子達成了心願，不只是在滿足心願的當下有所喜悅，他為這個心願預做準備的時候，就已經滿溢著期待的快樂，更重要的是在事後，他會覺得父母是個既有原則又能溝通的人，親子間的親密關係自然更上層樓。

鼓勵孩子完成自己的大心願

接下來，我們要讓孩子自己去觀察，什麼才是他最大的心願？孩子有時會講出一些很大的心願，這種心願常常介於可行與不可行之間。

啾啾兩歲半的那年，有一天我們一家三口去逛樂器行，我要幫學生挑一把小提琴。啾啾發現了櫥窗裡有一把很小的小提琴，大概是1/32的琴（小提琴的大小依序分為全琴、3/4、1/2、1/4、1/8、1/16等規格），她就跟媽媽要求，想要擁有那把琴。那把琴非常小，主要是做展示用的，一開始我還以為只是玩具，後來發現它是一把真正可以拉的琴。

當時，我從來沒想過一個兩歲半的小孩可以夾小提琴。我問她：「妳真的要嗎？學小提琴很辛苦的。」她要！她就是要，不買琴給她就不走。我們把琴買回去，但我並沒有馬上教她，兩歲半畢竟還太小。她還不能想像，學習小提琴有多麼困難。

她在家裡常常聽我的學生拉琴，她對小提琴的聲音很熟悉，爸爸教琴的樣子很威嚴，家長很尊敬，學生很信服，她可能覺得想參與，想要成為如此畫面中的一個角色，她想要被教導。一個小孩子站得好好地在拉琴，老師在一旁指導，有時甚至是責備，她全都看在眼裡，竟然不害怕。

我原想，也許她五、六歲的時候開始學，就已經比別人早了，但是兩歲半的她就自己堅持要買琴，也算是個奇妙的因緣。

我怕她受傷，那麼小就夾琴，萬一脖子歪了怎麼辦？我沒馬上答應教她，只做了些測試，我讓她拿一支鉛筆，看她的持續力有多久，那是對運動神經的評估；後來讓她試著夾琴，一擺上去發現還是會晃動，就等三個月後再說。假如夾上去是安定的，就表示可以。夾琴很重要，琴安定了，左手就不用那麼費力去撐。

等到她三歲生日那天，我確定她可以夾琴，再教她拿弓，也可以拿得穩，從那時起，就每天一點一滴地教她。

小學六年級的啾啾，省交青少年管弦樂團幫她協奏「流浪者之歌」，到香港、新加坡巡迴演出。最大的轉變，是她升國中前夕，再次隨團到歐洲的維也納、布達佩斯等地演出。那次巡迴也到了巴黎。

一進入巴黎聖母院，啾啾便感動到快要哭出來，她對自己說：「我將來要待在這個地方！我要在這裡學音樂！」在此之前，她不曾看過一座城市、一座建築的氛圍，竟然跟古典音樂的精神脈絡如此一致。那一刻她突然感受到，自己過去的所學，與這整個環境產生了緊密的連結。所以，她許下心願，要在法國學音樂。

當時的我哪有能力供應她出國念書呢？除了少數幾次出國旅行，我也不曾留學過。可是三年後，啾啾真的去了法國，我也跟著她一起，她學小提琴，我學指揮。我們在巴黎生活的第二、三年，就住在塞納河畔、巴黎聖母院旁邊，天天都可以聽到巴黎聖母院的鐘聲。

這是啾啾強烈的心願，她極度渴望在歐洲學音樂。雖然到巴黎的前三年，以我的標準來看是很懶散的，但是一個人不勤快，並不意味著她不再喜歡音樂，只是她同時也對其他事物很感興趣。如今，啾啾仍在法國生活，與音樂相伴。這樣的人生，是她在十二歲時就立下的心願，為了達成這個心願，她願意忍受種種的辛苦，願意付出更多的勤奮。

啾啾的習樂歷程

啾啾，她似乎是上天對於我想要學習音樂、對音樂熱情追求的一個回應。

現在來看，當然可以確定她非常適合走音樂這條路，但是她小的時候，我並不那麼確定。雖然我們家每天都聽古典音樂，從她媽媽懷孕時就開始聽，甚至自她一出生還在醫院裡，我就會不由自主地對她哼起古典音樂。

當她自己決定學小提琴時，我採用的是少量多餐的做法，就是一次練個幾分鐘，我從旁幫她擺擺手、練練弦、運運弓，每次只練一點點就可以休息，然後過一會兒再練個五分鐘、十分鐘。

這樣持續學下來，到她四、五歲時，便可操作比較難的曲子。六歲的時候，她已經可以拉一般大學生才能拉的曲子，也可以背很長的譜。

可是等她念小學，進了音樂班，她好像又有很多地方不如人。我當時在國小的音樂班教書，她念另一個音樂班，我的學生裡面也有人只學了一年就拉琴拉得很好。啾啾很有耐力，但是拉琴的外在表現和氣勢還不是很強，我也不覺得她在音樂上有太大的天分，雖然她很早就被啟蒙，音準很好，可以拉很難的曲子，但是當她跟別的孩子在一起的時候，別的孩子看起來似乎更有模有樣。

一歲左右的啾啾，仰頭看著爸爸拉琴。小小心靈裡，是否已許下音樂家的願望？（應志遠 提供）

直到她小學五年級，參加一個全省的比賽，進入到全國前十二名，那時有個孩子拉得非常好，他當年得了全國第一，拉的是薩拉沙泰的「流浪者之歌」。啾啾得到第十一名，拉的是聖桑的「迴旋與快板」，也是非常好聽的曲子。

她那個時候拉琴永遠是那樣，一副瘦瘦弱弱的樣子，可是那個第一名的孩子，拉起琴來眼睛炯炯有神，很有穿透力。這次的經驗給了啾啾很大的震撼，她告訴我，她很喜歡那個拉「流浪者之歌」的朋友，跟我要求能不能也學「流浪者之歌」？

坦白講，「流浪者之歌」對我來說是個不能想像的曲子，太難了！但我還是跟她說，我們來試試看！買了譜，我為她一個音符、一個音符研究，就開始教她。

我一教她，就嚇了一大跳。才一個禮拜，她已經會拉這首曲子了；兩個禮拜後，她就拉得有那麼一點點出神入化；到了第三個禮拜，剛好當時省交青少年管弦樂團要招考團員，台藝大、北藝大、師大、東吳，很多優秀的人都去考，許多中小學音樂班的孩子也躍躍欲試。我問女兒要不要去考？於是就以「流浪者之歌」做為自選曲參加甄選，而且我也去看整個評審的過程。

當時陳澄雄指揮跟其他幾位老師一起評分，陳澄雄是省交的指揮，那時我只是個小小的音樂班老師，完全不敢望其項背。陳澄雄一看到啾啾，一個小孩子，又是那副可憐樣，身體就往另一邊轉，大概是想這個孩子自不量力拉大曲子。結果啾啾一拉，好像所有容易拉錯的地方都順利過關，陳澄雄聽了不一會兒，把身體轉回來跟啾啾說：「小妹妹，妳可不可以直接拉後面那段快板？」啾啾一拉，完全沒問題。陳澄雄聽了好開心，一直說：「妹妹妳拉得很好，很好！妳可以回去了。」

能得到陳澄雄指揮的讚賞，我們非常高興。從我學音樂開始，到我女兒學琴，我們家就是每天自己玩音樂，總覺得跟音樂界的主流是很遙遠的。

隔幾天來了一通電話，是指揮的助理，說團長很喜歡啾啾拉的小提琴，暑假他們要出國巡迴演出，團長說要幫啾啾協奏「流浪者之歌」，要她好好準備。

放下電話後，我們全家都欣喜若狂，但一方面又不敢相信，覺得太不真實。結果接下來兩三個月都沒有進一步下文，啾啾也沒有再拉「流浪者之歌」，我們回復到平常那樣，我繼續給她各種不同的曲子練習。一直等到樂團快要出國的前幾天，又一通電話打來：「應就然準備好了沒有？大後天要開記者會喔！」我們才趕快把譜找出來，啾啾在三天內把「流浪者之歌」撿回來。

那一次，啾啾跟著陳澄雄，以及省交青少年管絃樂團出國，她的整個眼界被打開了。事後陳澄雄親口告訴我：「恭喜你，生了一個很棒的小孩！」

在這之前，啾啾是大型比賽場上的常敗軍，雖然都能進入到決賽，但最後一關一定墊底。可是經過陳澄雄的肯定之後，一切開始改變。

我發現，一個孩子在成長過程中，能有一位長者提示她說：「你很好！」這是非常重要的。

第二年，啾啾一樣爭取到很好的機會出國去表演。這次的巡迴演出競爭更加激烈，而她只有兩週時間可以準備，但她堅持要爭取。這次拉的曲子我根本沒聽過，只好找別的老師指點她。在準備過程中，我們沒有催促她做任何事，只擔心她會鎩羽而歸，可是她跟老師上了一堂課後，就把曲子練起來了。當時跟她競爭的對手是大學即將畢業的人，因為程度不相上下，最後是兩人各拉一半的場次。

接下來說她很棒的人，都是一些很有影響力的人物。啾啾到巴黎留學這件事，跟當時文化大學音樂系的張昊教授有關，他畢業於巴黎高等音樂院，是我讀研究所的指導老師之一。我帶她拉琴給張教授聽，因為很多人都說啾啾應該出國，但究竟要到哪個國家，我希望聽聽張教授的建議。張教授聽完，告訴我說：「我在巴黎高等音樂院，聽到的就是這樣的人在拉琴。」他說應該去巴黎。當時張教授已近九十歲了。

我們真的到了巴黎，找到小提琴大師普雷（Gehard Poulet）。我們到他家上課，他聽完啾啾拉的琴就說：「可以，這個孩子應該在巴黎。」經過這些老師的親口鑑定，我便讓啾啾去考巴黎高等音樂院，從十五歲一直念到十九歲。

十六歲才正式學音樂的我，從每一個老師、每一個程度好的同學身上去拼湊出，演奏小提琴應該是什麼樣子，那是很懵懂的。直到我生了啾啾，她三歲習琴，那時我二十七歲，距離我真正學音樂也才過十年。

我決定要把所有我知道的，都教給我的學生，最成功的學生當然就是我的女兒。她不會懷在童想音樂會上演奏的啾啾。音樂已是她生命中不可放棄的選擇。

疑我，完全地信任我，開始的時候我們就這樣每天練個十五分鐘，一個禮拜後驗收。啾啾學得很快，她學音樂，等於是我學音樂的第二個階段。

第一個階段是我自己學音樂，第二個階段是我教她，第三個階段是她在台灣已到達自己的頂了，必須出國看看完全不一樣的世界。第一個階段是用走的，第二個階段是用跑的，第三個階段是用飛的。我很高興三十九歲時和她一起到巴黎，那是十分重要的一個選擇。

不清楚自己，才會有縹緲的心願

比嘎念高中時，一度非常想要當歌手，因為旁人都說她長得漂亮，唱歌也好聽，都慫恿她去當歌星，還說她會紅。那時的比嘎還不確定自己的「心願」是什麼，卻有種虛榮心在滋長。她的確聽了非常多的流行歌曲，也知道我有流行樂界的朋友，她便跟我談，她在想要不要去當歌手。我問她想當哪一種歌手？她說當然是實力派的。我說這樣太好了，行行都可以出狀元啊！

我並沒有潑她冷水，不過我也具體告訴她，所謂實力派的歌手，歌曲拿到手就要能唱，歌聲也得很好，我還舉一個她認識的長輩為例，讓她知道真的有這麼會唱歌的人，但人家未必就去當歌星。我跟比嘎說，那些被公認是經典的歌不但要會唱，還得唱出味道來，至少得讓我這個老爸對她有點佩服，這樣老爸就全力支持她，透過朋友去接觸演藝圈的人。她聽了也覺得有道裡，並不覺得老爸反對她。後來或許她自己稍微嘗試了一下，自覺達不到老爸講的基本條件，此後便不再提起這件事了。

之後，比嘎再跟我談起她的心願時，她決定拒絕當花瓶，要做一個跟社會運作能接軌的專業人士。她發覺對基礎科學有興趣，像是物理、化學，她更喜歡化學，最後果真讀了化學系，她的焦點愈來愈清楚。

從比嘎的經驗來看，即使發現孩子講出的不算是真正的心願，也不要立即去否定他，而是協助他去分辨真正的心願到底是什麼；父母所能做的，就是把需要的「付出」具體地告訴他，看他能不能真正開始一步步地耕耘，做長期的規劃。

比嘎大學畢業後想去巴黎，這是她真正的心願，除了繼續讀書，也想和男友一起創造人生。我認為這沒有什麼不好，但是對我來講有點突然，我們都不確定她能不能繼續下去。我承諾在第一年提供她基本的支持，讓她可以在巴黎做些嘗試，我也坦白說，老爸現階段專注在養好自己的身體，沒有餘力幫她打點出國的事。

我就只是同意她出國，此後到她真正踏出國門，這中間所有要做的事，都是她自己一個人打點好的。到巴黎這件事，無疑是她百分之百的心願，這裡頭包括愛情的追求，以及在學業上更上一層樓。過程中她沒讓我們操一點心，甚至怕任何小小的抱怨，都會讓我們勸她打消念頭。

我家兩個孩子很有自主感，這種自主感來自於小時候她們的需欲得到尊重，她們的心願得到父母的重視並協助達成，然後，父母會幫助她們發現並支持自己真正的心願，更樂意分享她們達成心願後的成就感。

然而，女兒的朋友圈中，竟有不少人都覺得自己的人生是遷就父母的結果，甚至連就讀的科系、生涯規畫、伴侶等，都是遷就下的產物。只要聽到這種事，她們都很替朋友感到難過。

當父母允許孩子為自己的心願付出時，孩子也會成長的。他會發現人生其實沒那麼困難，堅持做自己真正要做的事，父母不會從中阻撓，還會給予祝福，那麼，他不但走出了自己的人生，與父母的關係也更加親密。過程中，他會累積自己的耐力與智慧，最終能夠卓然獨立，擁有自己的尊嚴。父母又能從旁欣賞孩子的生命情調，真正卸下為人父母的重擔。

這難道不是一舉數得的事嗎？

以進行曲的步伐，做自己的主人

推薦曲目：西貝流士「克列利亞」組曲之進行曲

人生是一趟自我完成的旅程，發現真正屬於自己的心願，然後實踐真正屬於自己的人生，從山腳下出發，在仰望中步伐穩健，在稜線上享受視野，在相遇處引吭高歌：「我們是自由的靈魂，啦啦……」爾後，吹著口哨繼續前進。

是有這麼一首曲子，短短四分多鐘，朝氣漸次開展，就像升高眺遠的登頂之舉，就像自我完成的實踐之旅。最後，銅管樂器中氣十足地齊奏出簡單的上行十二階音做為終止，彷彿站在一望無際的崗嶺上，向天地歡呼：「真幸福！自己的心願自己滿足。」原來它是西貝流士「克列利亞」組曲的第三首——進行曲。

第九章 功課跟得上就好

「

一個人的自主感，是自知之所以能快樂、篤定、踏實的真正原因。
把生命放在追逐分數與成績上，是大大地損耗、可惜了。
學習是成長的助益而非競爭，何妨讓孩子「功課跟得上就好」？

」

我讓兩個孩子讀一般的公立小學，給她們設立的標準是：功課跟得上就好。

父母的內在教改

比起歐美，台灣的教育環境還有很大的改善空間，體制內也多少有些不尊重孩子的老師，但是大多數老師還是愛護學生的，制式教材也並非沒有養分。若談教改，其中最需要改變的，往往正是父母本身。

我說「功課跟得上就好」，其實講的就是父母內在的教改。

父母無不希望孩子外在要有很大的成就，內在同時又能保有尊嚴與安適。然而一個人之所以滿足又快樂，正是因為他的自主感很強。如果他的生活都是自己親手打造的，就算只是住在平房小屋，耕植農作，雖然粗簡度日，這樣的人生誰能否定它的美好？或者，他喜歡享受都市供給的便利，同時也能回饋社會。不管是「鐘鼎」還是「山林」，只要是發自內在心願所達致的生活，都是好的。

可是父母通常都期望孩子能按照他們所認定「好」的標準來生活，我也不例外。只要父母的這種想法還在，不論孩子接受的是什麼教育，父母本身對孩子來說，就是壓力的來源。

營造人生需有兩樣基礎，兩者能夠兼備是最好的：一是知道自己想過的是什麼樣的人生，想在這樣的生命歷程中欣賞到什麼樣的風景；二是清楚了解外在環境的既有條件中，有什麼樣的資源可以取用。學校，正是孩子學習的既有資源之一。

「家庭教育」與「學校教育」的拉扯

我家兩個孩子在學齡前可說是「在家裡長大的」，她們沒去念幼稚園。兩個女兒中，啾啾在國中畢業後就到巴黎接受音樂的專業教育，比嘎則在台灣讀完大學後，到巴黎準備念研究所。兩個孩子各自接受學校教育的時間，都有十六、七年。

在她們正式接受學校教育前的家庭教育，我做了很大的努力。所以，當孩子準備進小學念書時，我的內心著實掙扎：在此之前，我們給予她們的教養環境與質地，實在很難想像有哪一所學校可以接手下去。

可是她們真的要上學了，並且會一直持續到就業以前，這是多麼漫長的一段歲月。當啾啾第一天穿上制服，我明白這是她邁入社會的前哨站，學校就是一個小社會，她即將進入一個制式的世界，也許還會遭遇許多現實的考驗。

我之所以跟孩子說：「功課跟得上就好！」意味著我在試圖尋找一個平衡點，既希望孩子能夠保有並延續之前家庭教育帶來的美好，包括自在生活的態度，人與人間的親密純然；此外，又能夠讓她們汲取學校教育的益處。

換個角度想，相較於家裡，學校有更為寬敞的空間，同學家長來自各行各業，孩子的生活經驗也各不相同，多樣性的交流是正面且無價的。

啾啾和比嘎也念過音樂班，音樂班的家長都很重視功課，認為考一百分才算及格，只要稍不小心，就會落到後半段名次。我卻認為，孩子懂得老師教的，跟考試有沒有被考倒，根本是兩回事。我們是站在解除孩子心理壓力的角度，要孩子跟得上就好，不需要得高分、求排名。把生命放在追逐分數與成績上，是大大地損耗、可惜了。

我希望孩子喜歡上學，對求知保持新鮮感，以自己的進度去追求知識。（應志遠 提供）

我們雖然不給孩子壓力，但啾啾卻會給自己壓力。剛上小學時，若是沒考到滿分，她就會心裡難受，因為班上似乎有種氛圍，而她想要成為班級裡表現優異的人。到了中年級，她才開始慢慢不在乎成績，但還是維持在中段左右。

啾啾本是個不喜歡競爭的孩子，在一次全國性的音樂比賽中，當時還沒有公布成績，我看到她已跟所有參賽者打成一片。她正在做一件我也很熟悉的事，就是降低跟別人之間的競爭氣氛。我希望孩子常常反問自己：對自己追求的東西還有沒有熱忱？學習的成效如何？要能夠做到自我評量，而不是去想排名，去在意別人眼中的成績。

比嘎就更不用說了，她的功課從一開始就是倒數的，但她真的不在乎，每天都很快樂。那時我也是學校裡的兼任小提琴老師，隨時到教室都可以馬上看到她，因為她總是班上笑得最開心的那個人。學校對她而言，是完全沒有壓力的地方。

在家裡，我雖然也有像「老師傅」般非常嚴格的一面，卻是著眼在意志力的鍛鍊上，從來不用在要求孩子的課業成績上。

那個瀰漫菁英取向的年代

我原生家庭的教育觀念跟大部分家庭差不多，尤其母親是小學老師，學校同事間最在意的就是孩子的成績，整個時代氛圍也非常菁英取向，唯一寄望就是把書讀好，出人頭地。我一位哥哥去念五專不念一般高中，就讓母親十分難過，家裡也掀起很大的波瀾。更戲劇性的是我另一位哥哥，一路建中這樣念上來，是媽媽最大的榮耀，卻因為大學填志願時筆誤，與台大失之交臂，以超高分念了政大，這件事簡直讓全家墜入痛苦的深淵，除了哥哥萬分懊惱外，此事帶給媽媽的痛苦，彷彿是一次無法彌補的家族挫敗。

我有個名校畢業的親戚，因為丈夫成就不夠好，孩子書念得也不頂好，所以她從來不參加同學會，既覺得沒什麼好跟別人說的，也不願被人問起。過去服膺菁英教育的人，即使自己躋身為菁英，如果孩子不是菁英，仍會感到懊惱。一個人陷在其中，價值觀就會變得很單一，也會長久處於緊張狀態，只要過程中稍有失誤，比如婚姻不是很「成功」、孩子不是很「成功」、健康不是很「成功」、升遷比起過去成績較差的同學也沒有那麼「成功」……只要任何一個理由，都可以讓自尊心受創。

事實上，我也中了這種毒，差別在於我不是用菁英主義來要求自己，我要求自己成為一個傳奇人物。這是一種細緻的菁英主義。

生在那樣一個時代氛圍下，我雖然中毒但不深，幸運的是，我的人生算是自主的。上面四個兄姊都比我年長很多，父母所有「望子成龍、望女成鳳」的壓力都已加諸在他們身上，等到我念書的時候，父母年紀都大了，也較為慈祥，便不太管束我。我每天就是不停地玩：去哪兒玩？要玩什麼？怎麼玩？完全都看我。只要記得回家吃飯，功課保持得還不錯，我的生活一直是自由的。

長大後，我的生命基調、我的婚姻、我的工作，都是我認為所做的最好選擇。我對人生最大的滿足，並不是因為別人羨慕我，雖然有時來自別人的認同也讓我感覺受用，可是我不會把「獲得他人的認同」當做目標。若有比例之分，我希望九〇％是追求自己的認同，另外十％是留給身邊人的認同。即使這十％不能達到，也無所謂。

「自主感」是自知之所以能快樂、篤定、踏實的真正原因。我在教養孩子的同時，已確知「自主感」是真正無上的財富。

包裹「自主教育」外衣的菁英思想

有些家長讓孩子去接受所謂體制外的自主教育，之後又苦心安排讓孩子接軌到一般的升學環境。他們或許有感於自己童年時被管束太嚴，或是學生時代生活太乏味，錯過生命中太多精采的細節，於是費盡心思，讓孩子先到體制外兜一圈，最終還是希望孩子回到主流價值裡。

我不禁想問：究竟什麼是「自主」呢？

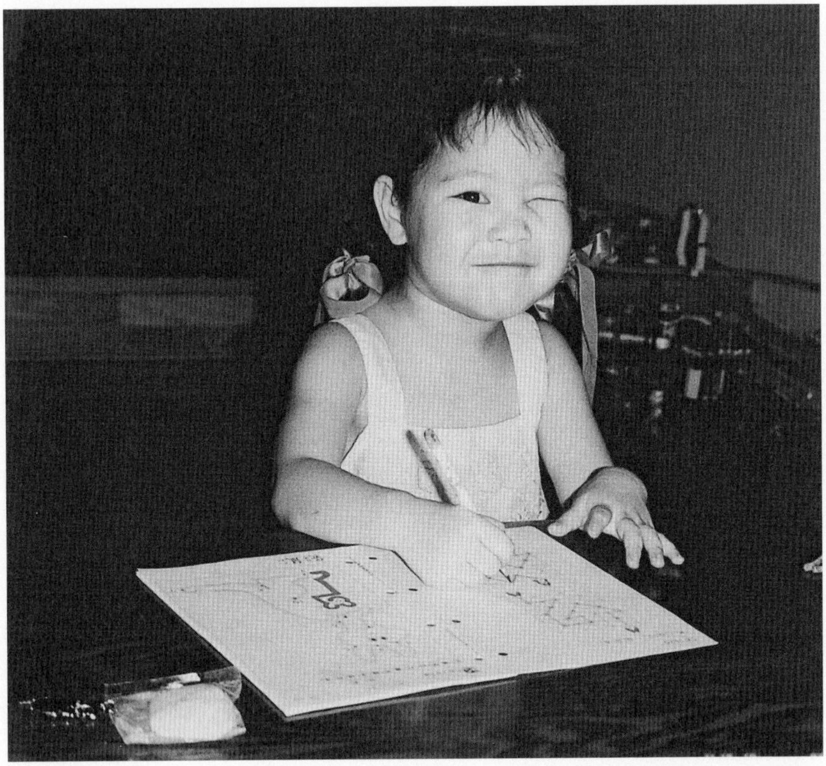

快樂的所有秘密，都蘊藏在「有自主感」的人生裡。（應志遠 提供）

自主教育應該是讓孩子從自主感裡得到幸福，在自主感中找到人生的最高價值，其他都是次要的。但父母能接受嗎？我們能接受自己的孩子因為很自主，最後選擇只當一個普通人就好嗎？

一個有自主感的人，通常是個容易快樂又滿足的人，不太去想追求世俗的名利或成就；一個在道地的自主教育環境下成長的人，既已感受到自主帶來的甜美果實，自然也就願意以自主做為人生的指南針。

菁英教育走的卻是另一條

路，它必須不斷地以危機感來激發孩子對於成功的渴望與嚮往，崇尚我尊人卑。當一個人以「做自己的主人」為滿足，又怎麼肯去踩在別人身上當個菁英呢？

做為菁英分子，似乎有著崇高的理想，可以為眾人喉舌，這裡頭其實隱藏著權力的回饋，內在驅使的動力可能是功利之心，是成為人上人的想望。

很多人讓孩子接受自主教育，未必是真的懂得自主的本質，而是想讓孩子兩者兼得。

因此，我無須舟車勞頓或舉家遷移，送孩子去體制外的環境學習，或是拚命掙錢，送孩子去念私立或國際學校，我就只是運用公立學校的公共資源，混跡在考試文化的洪流中，實現自主教育的精神。我希望孩子喜歡上學，對求知保持新鮮感，以自己的進度去追求知識。那麼，就讓孩子「功課跟得上就好」吧！

我不但告訴孩子，也跟身邊所有人這麼說，就算老師對我表示，覺得孩子應該要加把勁了，我都會說：「還好啊！」我用「功課跟得上就好」來提醒自己，也支持我的孩子。

一直到啾啾十二歲了，才有專門從事教改的專家告訴我，說我是個天生的自主教育實踐者。我不但對自己的學習很自主，也實踐在我的孩子身上。我甚至覺得，快樂的所有秘密，都蘊藏在「有自主感」的人生裡。

找到以音樂為主的人生基調

童年時，我都盡量保持生活的自我原味，直到上了國中，母親才有所介入，她希望我離開安坑鄉下，到台北市萬華國中念書，因為二哥就是念萬中考上了建中。這件事剛好我也很願意，除了覺得可以增長見識，也從哥哥的經驗覺得是一條可行之路。母親想的是升學，我則是被五彩繽紛的都市文化所吸引。

雖然學習場域轉移到萬中，但是我的玩耍基地還是在安坑，朋友也都在安坑，只有一件事改變了我：萬中的管樂隊。國一時，我非常羨慕那些參加管樂隊的學長，可以踏著步伐繞著操場，吹奏抖擻的進行曲。當時只想如何成為管樂隊的一員，而我的同學腦子裡想的恐怕是怎麼考上第一志願。

升國二的暑假，我正式加入管樂隊練習吹長笛。負責訓練的兩個教官要教一大票人，又把訓練重心放在要表演或比賽的學長身上，我們這一群新加入的菜鳥，只好胡亂自己摸索。練了兩個月，也看譜吹奏國歌，雖然拍子都對了，但怎麼都抓不到旋律感。事實上，負責吹長笛的人應該要吹兩個降記號，我們卻完全不知道有這回事，吹出來的國歌當然既怪異又好笑。每個人都覺得不對勁，卻沒人敢提出來，只暗暗覺得一定是自己吹不好，甚至還自圓其說：也許氣足一點、再對準一點，就會好聽了。

我比大家先思考到音準這個問題。有一天，當我仔細看簡譜，發現譜上有一個奇怪的符號，在 *Mi* 和 *Si* 的地方都會出現，我也沒問別人，就自己設法查資料，才發現長笛有一些特別的指法，在左手多按一個鍵，有時是右手多按一個孔，就會吹出不一樣的音階，其實就是降半音。只是這麼簡單的一個發現，我的程度馬上就高出其他人一大截，大家聽到只有應志遠吹出來的是真正的國歌，他們卻還在吹很奇怪的調子。

我當時萬分驚喜：天啊！只要我發現正確的調子，就可以跟別人的程度拉開一大截。後來也是由我教會大家如何吹出半音。

少年時期的這段往事，給了我很大的啟發。我不但發現了自己生命的調子，也發現到：每個人都有自己的調子、自己的節奏，有人是慢節奏，有人則適合快慢交錯。

在萬中管樂團的經驗著實珍貴，這應該是我生命中第一次有這麼強烈的感覺，覺得自己一定要爭取到這個機會。直到上了高中，在沒有任何人贊成的情況下，我竭盡所能請求家人支持我學習音樂。姊姊不看好，父母更是反對，但他們最終還是被我說服了。

走上音樂這條路，不是學校主動給我的機會，也並非來自父母刻意的栽培，完全就是我找到了自己的志向；但同時，我也知道若要把音樂學好，家裡根本沒有相對的經濟條件，我必須透過學校教育，爭取到學音樂的受教權。所以，別人可能是學了十幾年的小提琴，還在猶豫

每個人都有自己的調子、自己的節奏。這個譜架也是我做的。

要不要考音樂系，我則是決心要考音樂系，才正式學習小提琴。

從加入萬中的管樂隊，到高中時開始學小提琴，我已確知「音樂之路」就是我要的！

學習為自己，真好！

兩個孩子因為出生在音樂家庭（她們的媽媽是鋼琴老師），自然容易接近音樂。縱然她們也念音樂班，但我們從不認為將來就一定要走音樂這條路。她們會接觸到不同的學科，有可能發展出不一樣的興趣，所以打從一開始，我們夫妻就打定主意一定要幫助孩子選擇自己的志趣，讓孩子依照志趣邁向獨立的人生。

「功課跟得上就好」是一個很低的門檻，這樣孩子才有餘裕繼續地玩，繼續地認識新事物，而不要為了追求分數與排名，使她們的人生加速地運轉，以超過負荷的速度往前衝，然後幾乎沒辦法停下來檢視自己，到底真正的興趣在哪裡，真正的能力在哪裡？

相對於「功課跟得上就好」，我們也可以說：「學習為自己，真好！」

「學習」是孩子內在的需欲，別以為上學對孩子來說是痛苦的，是因為大人們把學習這件事搞得太嚴肅，孩子才會討厭上學。當我的孩子只要「功課跟得上就好」，她們跟同學的關係比較像是玩伴，而不是競爭對手。當學校像戰場，名次像戰利品，大家除了關心自己考得好不好，更擔心別人比他好；不只是評量自己的學習，更在意別人跟他的競爭關係，這會形成人與人之間不健康的互動，甚至猜疑。

我的媽媽、岳父母都是小學老師。長大後，媽媽曾拿學校一些有爭議的考題給我看，有時我也不知如何作答，媽媽就會說，果然是題目出得不理想，容易讓孩子錯亂。原來，要應付好考試，得到好成績，並不只是對知識了解了就好，還要擁有考試的技巧，必須非常地小心，因為出題者可能會設下陷阱來考驗孩子。我當時就覺得很恐怖：考試的目的究竟是什麼？

我一個朋友比喻得有趣，他說台灣的教材與考試制度總逼得孩子要去補習，就好像故意把人先丟到海裡，再想辦法用救生圈把人救回來。考試有時不是在幫孩子認識學習成效，而是有許多的詭計在裡面，讓孩子得用破案的心情來作答。

所以，我總是跟孩子說，學校教的你只要懂了，考試只是讓你看看了解得夠不夠。我們偶爾檢查一下考卷和作答情況，就算是粗心大意考壞了，我們也不會責備，最多提醒她們下次再專注些，畢竟細心也是很棒的特質。

我真正在意的是，孩子能不能從學習中得到成長的助益與力量。

競爭文化的毒素歷久不衰

我在巴黎師範音樂院學指揮的那兩年，接觸到從德國、西班牙、法國西部等各地而來的同學，他們非常重視自己與音樂的關係，有時也看到他們態度堅定地和老師討論，乍看之下似乎在爭執，但事實上他們很有自己的見地，即使身為學生也充滿自信。我很喜歡那樣的氣氛，覺得自己也被滋養到了。

到了第三、四年，我到法國北邊靠近比利時的里勒市立音樂院學指揮，那時有四個台灣人在班上，本來覺得異地遇同鄉很好，事實卻不然。當我在指揮時，我感到自己並非單純在指揮，而是同時也想證明我指揮得比他們好。或許他們也想證明自己比別人好。只要一有台灣人在場，過去幾十年的記憶就回來了，那種令人窒息的競爭文化，立刻讓我覺得自己離「貝多芬」比較遠，卻跟這些同學好迫近。縱然我自認已是不太受框限的人，但心情上的緊張卻是不爭的事實，只能說，我們的教育實在太在意與同儕的競爭關係。

悲哀的是，當上台指揮過後做自我檢討時，台灣同學格外在乎老師對他們的看法，話題總是繞在老師喜不喜歡自己，是不是針對自己特別講了什麼，或是擔心老師以為自己並不愛音樂，或是老師會不會以為他在台灣的老師很差……我發現種種的討論，不是落在音樂本身，而是「在別人眼中，我們像什麼？」

學習指揮，是我音樂人生基調的再延續。

我不敢說，當孩子幼小的時候，做父母的我們沒有這種想要比較的心態。但我認為，這種心態是可以逐漸導正的，只要父母真的說到做到「功課跟得上就好」，孩子的心念也會跟著轉變。她們會知道，學習是為了對自己有用，確定自己的學習成效沒問題，父母便沒有額外的要求。如此一來，孩子的壓力負荷也會少了許多。

「功課跟得上就好」，一般資質都能做到

比嘎從小功課就不好，有一次她很可愛地問我：到底六十九分跟八十五分哪一個高？可能她認為九比八多，六又比五多。我當時還跟她開玩笑說，怪不得你考六十九分啊！

連比嘎這樣經常吊車尾的人，我發現學校裡的課程她真的都懂，也跟得上。所以，除非家長非要孩子很優秀，完全不能出錯，一定得把別人比下去，不然只是課業跟得上，這並不困難啊！我的兩個孩子幾乎從沒補過習，雖然比嘎的學業表現沒有姊姊好，但她還是一路念了公立高中、國立大學。

我讓孩子們知道，當她們的功課跟得上，在學校裡就擁有可進可退的籌碼。假如她們想要走一條獨特的職涯道路，那麼學校課業只要能應付、能畢業即可；或者，她們想要走升學之路，達到學識上的高度，進入金字塔的頂端，只要功課跟得上，她們也有進路。

只要弄清楚自己的人生方向，真的準備要加把勁的時候，即使過去一直吊車尾，位在最後一節車廂，畢竟已在車廂裡了，要跑到第一節車廂也是可能的！

我甚至給孩子心理建設，萬一真的錯過了班車，必須留級、重考，萬一真的努力了還是跟不上，多念一年也無妨，只要她們持續保有快樂的學習態度，爸爸就非常開心。學習得好，自己就是收成的人；學得不好，損失的是自己，她們都知道「這是自己的人生」！

為孩子爭取最多的玩耍時間

回到了家裡，怎麼配合來落實「功課跟得上就好」這個原則呢？

譬如，老師今天給得功課太多了，我們衡量之下，寧可孩子有更多的時間玩耍與休息，我們甚至會幫孩子寫功課。比如國語生字，孩子寫了幾個字後，確定已經會寫了，她們就可以停筆，作業本上有的字寫了三遍，有的寫了五遍，剩下的空格就由媽媽接手完成。數學也是，只要確定她們已經會了，其他類似的題目就可以不用再寫。

一定有很多人不以為然，覺得父母這樣做了，讓孩子沒把自己該做的事完成，也會產生依賴心。我們夫妻則認為，台灣的學校教育裡，操作性的東西還是偏多，當真一一做完了，孩子的時間也被壓縮掉，沒有餘欲去做讓自己真正開心的事。

我們不想讓孩子覺得好像有特權，去跟老師溝通後，就可以跟別的同學不一樣，不用寫那麼多作業；也不想孩子因為功課沒做完而被老師處罰，在衡量輕重之後，便選擇一種最無傷的方式，讓寫功課不成為孩子的困擾。

在「功課跟得上就好」的大前提下，我們為孩子爭取最大的可能，讓她們有多一點時間玩耍。

像應悅這樣的孩子

從小比嘎的學習成績常常墊底，我卻從來不曾因為她的功課而處罰她。比嘎念的國中很邊陲，是不給壓力的學校，她可以完全支配自己的時間，天天看電視也無妨。那時我在巴黎，媽媽很擔心她，至少在電話裡跟我痛哭過四、五次，覺得這個孩子要毀了。我一直安撫她也告訴她，現在當務之急，是要讓孩子明白，父母是真的愛她們，是真的要放手讓她去走自己的路，孩子很快就會感受到，也會勇於一肩扛起自己的擔子。只要孩子清楚人生是她自己的，就不可能會完蛋。

我常要比嘎跟我講電話，問她喜不喜歡上學，她說好喜歡，問她功課怎樣，她說都還好，沒什麼特別需要協助的。她篤定的態度讓我很放心。我也分析給她聽，如果將來她想以勞力參與社會分工，我可以接受，最重要是要有服務的熱忱；但如果她想參與的是智力分工，

當孩子的功課跟得上，就擁有可進可退的籌碼。（應志遠 提供）

那就得加強自己的專業訓練。

我只給她大方向，「喜歡上學最重要」。有一天，當她發現已走到懸崖邊，旁邊都沒有人拉著，因為不希望繼續窩在那裡，就會自己往回走了，她知道沒必要虛擲青春。

到了國三下學期，她突然不看電視也不打電動了，最後以吊車尾考上新設立的一所綜合公立高中。念了一年後，我就回台灣了。比嘎的高中成績維持中間偏後，問她課業跟得上嗎？她都說沒問題，問她喜歡什麼，她說對化學比較感興趣。有時她會跟我解說她對化學的理解，還畫給我看，那時的她很有光采，很有魅力。

她非常喜歡上學，一點都不害怕功課，到了高三，又突然用功起來，這回考上了花蓮教大，與東華合併後，她積極轉系，終於如願念了化學系。對這樣的發展，我感到非常欣慰。

我認為，一個人如果想要自立，也會做出自利的事。如果父母給予的是充分尊重開放的環境，孩子會發現對自己一分的照料、一分的努力，將來都會化成一分的茁壯、一分的資本，沒有人一開始就想把自己的人生搞砸的。

除非孩子想要跟大人對抗。因為痛恨大人施予的壓力與支配，在對抗的過程中，他已經沒有心思去想，做這件事對自己是好是壞，才會一再傷害自己。

我看過不少孩子，縱使書念得好，卻把大部分的時光犧牲在課本上了。比嘎卻過得非常自在，國中時愛漂亮，自己跑去穿耳洞，還帶著便服去學校，一下課就換上便服到公館逛街。有一次被她以前的同學撞見了，那孩子回去後跟自己的媽媽大吵，說她為什麼不能像應悅這樣快樂！她也想要爭取一點點的自由呀！

「功課跟得上就好」在比嘎這孩子身上，可說是特別好的原則。

我堅決地相信，一個自主感強烈的人，一定會為自己的人生負責。父母的尊重絕不是口號，我只分析情況給她們聽，並不勸導她們非要怎麼做不可。所以，當孩子覺得夠了，我要重新發動了，就不會再停滯不前，也不再需要我提醒。兩個孩子都是這樣。

「功課跟得上就好」傳達的精微訊息是：父母可以找到一個最佳的平衡點；孩子也知道只要把握這個原則，機會還是在自己手上，當他準備奮發衝刺，就可以一路向前。

「幸福」與「成功」，從來涇渭分明

我要再次強調，只有自主的人生，才有可能通向幸福。

一個人如果只專注在「成功」，心意又如此強烈，最終他會願意用「幸福」來換取「成功」。

而一個人如果著眼於追求「幸福」，你會發現，這樣的人會願意主動遠離「成功」。

因為，「幸福」和「成功」是涇渭分明的。

如果我們看到一個人得到了幸福，而且很成功，我要說，那個「成功」的封號是別人加諸他的，從來不是他的目標；反過來，一個以成功為人生目標的人，會為了它違背內心的真實感受，因而與幸福漸行漸遠，卻用表象來加以粉飾，外人很容易誤認。

如果我們看到一個人既「幸福」又「成功」，往往是一種視角的錯覺，讓人以為他同時擁有兩者。但其實不然，人只能選擇一個焦點或是兩者皆無。

如果我可以跟孩子說：「功課跟得上就好！」同樣的道理，我也可以說：「飯吃得飽就好！」「衣服穿得暖就好！」這意味著，我們對這個世界的需欲，其實可以降到最低，那麼，我們為生命騰出的空間，也就更大了。

親子聽音樂

茁長自主，戰場變回樂園

推薦曲目：莫札特G大調弦樂小夜曲 KV.525

有一句話說：「不要讓孩子輸在起跑點上。」太可笑了吧！「要贏也要贏在終點上？」才剛起跑就怕輸，無怪乎家長一起累死在跑道上，何況，把人生比喻成賽跑，是嚴重地貶抑了生命的價值。競爭的心理是阻礙和諧幸福的一堵死牆，競爭讓人緊盯對手而忽視了自己，看重成績而傷害了情誼。考試的時候與同學為敵，下課之後拚命補習。

君不聞莫札特G大調弦樂小夜曲（KV.525）活潑明亮的樂想，鼓舞新的世代、新的觀念，展現新的氣象。化干戈為玉帛，戰場變回樂園，學校成為茁長的良田。哎呀！功課跟得上就好。

第十章

真性真情真心話

「一個人要能無懼地呈現真實的自己，也要能歡暢地和他人共享真情交流。父母說出的每一個字，都必須發自真心，孩子才會認真對應。鼓勵並傾聽孩子講真話，幫助孩子建造一套終身受用的心理機制。」

能夠講真話是一件非常可貴的事，有些人甚至連祈禱的時候都講不出真話！當孩子發現講真話可能得不到好結果，自然學會把話給吞下去，甚至開始練習講假話。但其實沒有人天生喜歡壓抑或撒謊。

我家兩個孩子上了中、高年級，有時我們夫妻倆必須外出，我交代完小提琴功課後，就把整個家的空間留給她們（當時不知道這是違法的行為），往往才一踏出家門，姊妹倆便歡天喜地，隔著牆似乎還可聽到比嘎喊著：「我們自由了！」通常我會利用空檔打電話回家，問她們有沒有練琴啊？孩子們都滿口回說有。有時候她們先玩，我們回家時她們正在練琴；有時候她們忘記練琴，卻唬弄我們說已經練了。我從未懷疑，也不想查證孩子是否完全按照吩咐去做這些練習，我給自己和孩子保留了一點空間。

直到我和啾啾去巴黎的第二年，那時我們住在塞納河畔的藝術村。有一天她主動告訴我說，她決定不要再騙我了。

欺騙，令人心裡受苦

我當時是把所有工作都結束掉，陪著她到巴黎求學，而我心裡也給自己許了個小小願望，希望能做一個開明的父親。我要求自己，盡量不到學校去打攪她的學習生活。

然而，第一年到巴黎時，我們住在北邊一個幾乎是貧民的住宅區，我的生活很封閉，周遭沒什麼朋友，所以有時候我還是會忍不住跑到學校去看啾啾。她們學校擁有亮麗又現代化的建築，每次我都用很破的法文問人家：「應就然在哪裡？」而我每次到了琴房，十之八九只看見小提琴，卻不見啾啾。等我找到了她，問她：「妳練過琴了嗎？」她為了哄我開心，總說她練過了。可是實在太多次了，每當我找到她的時候，都看到她在玩。我也覺得奇怪，怎麼如此湊巧，都沒碰到她在練琴呢？

那個時候，啾啾心裡也有某種感觸，覺得再這樣下去，內心會愈來愈不舒服，於是終於主動找我談。她說，這不是現在才發生的問題，其實她已經騙我很久了。

為什麼要欺騙呢？

她說，小學的時候因為太喜歡玩體操、看影片，或是跟妹妹一起跳芭蕾舞，玩得太過開心，就錯過了練琴的時間，突然間發現爸媽已經回來了，而當她發現，只要跟爸媽說已經練過琴了，爸媽就不再追究，她便覺得如釋重負。有一次比嘎跟爸媽坦承沒練琴，就被爸爸處罰了，事後她還一直罵比嘎笨，怎麼不說練過了呢？

其實從小學起，她就已常常沒按照吩咐練琴。我頓時如夢初醒，以前她還振振有詞地跟我抱怨，說我給她背詩、練琴的功課太多，害她都沒有時間玩，搞了半天，她早已經把自己照顧得很好了。

就在那一天，她說自己下了個決定：這一生中，她跟爸爸之間不要再有任何的隱瞞。

她想要清楚地告訴我，她真的沒辦法花很多時間去練琴，因為她的心充滿了玩興。那個時期的她，雖然喜愛音樂，卻同時也想盡情地探索世界、結交新的朋友；她也發覺，只要比預計練習的時間多練一會兒，她就會變得心不在焉。關於練琴這件事，她心裡明白，到底要練多久、要怎麼練才是好的。這部分她一定會堅持。她也希望我知道：這個女兒一直都是這樣子，以前大家誤以為她很用功，其實不然。她自知有天分，可以輕易讓一首曲子上手，但如果要把所有時間都投入練琴，她的人生會失去平衡，從此也會覺得學音樂是件不快樂的事。為了

誠實地面對自己，她必須告訴我，關於練琴這件事，她長期欺騙著我。

一個人若沒辦法對親近的人講真話，會是很大的遺憾，「講真話」代表能夠分享彼此的心靈空間。因此，當我聽到啾啾的主動告解時，我幾乎不覺得自己過去被欺騙了，反而慶幸現在的自己讓孩子更為信賴、更能敞開心房，所以孩子願意在多年後吐露真情。家庭應該是最多諒解、最好溝通的心靈港灣，不是嗎？

鼓勵並傾聽孩子的真心話

在孩子還小的時候，一個家的氛圍若能夠讓人暢所欲言，講真話不會受到譴責，鼓勵並傾聽他們講真話，其實是在幫助孩子建造一套終身受用的心理機制，可以有效地預防心理疾病。我的觀察是，把真正的感覺或想法或欲求，清清楚楚地說出口，雖然對任何人來說都很困難，卻是絕對地必要。不論說給誰聽，上帝或心理醫生也可以，甚至自言自語都比埋在心裡好上千百倍。當然，能說給身邊親近又成熟的人聽最好，一方面可以得到支持，一方面可以避免偏見。

很多人好奇，為什麼我家兩個女兒長大後還能跟父母如此親熱？其中一個主要原因，就是經過不斷地調整，我們依然可以毫無隱瞞地向對方說出真話。當家人聚在一起談心時，就會營造一股正面的能量，盡情開懷大笑。所以，講真話既可心理保健，更可「且陶陶，樂盡天真」，受用不盡。

我出生在基督教家庭，誠實是家規。但身為老么的我，很早就懂得夾縫中的生存之道，雖然不敢明目張膽地說謊，為了討大人歡心，甜言蜜語只算是「基本功」。專挑好聽的話講，只要誇張部分真相，隱匿不利於己的事實，根本無須動用到假話，就可達到趨吉避凶的目的，現實條件深深影響我的說話習性，可見一斑。

無奈的是，整個大環境並不支持孩子的真情流露，禮教傳統似乎也不太能接納人類的自然本性，我很慶幸靠著一點聰明，不扭曲自己也不抵觸大環境地走過童年。但是對多數的孩子而言，本來可以直接、輕易又精確表達內心感受的能力，可能在他們小學階段就被破壞殆盡，無論是語言、眼神或肢體的表達，都變得生硬。

先有真性真情，才說得出真心話

在巴黎時，有一次我們收到別人從台灣寄來的一片音樂會ＤＶＤ，那時我們在法國經常欣賞許多演出，對於演奏者一般會有的表情都很熟悉，結果那片ＤＶＤ只看了一會兒，我和啾啾、昀陽（啾啾的學長）的共同感想是：怎麼全都是「死魚臉」？不管是拉誰的作品、拉的是什麼曲子，統統只有一種表情——就是「沒表情」。

音樂是一種內在的波動，裡面充滿了喜怒哀樂，還有各種的意境想像。當音樂流動的時候，我很難想像一個人的表情沒有跟著音樂做對應。如果有著內在活動，為什麼他的神情完全是冷的？他的心和他的臉部表情，到底是怎麼被切斷了呢？竟然沒有驚喜，也沒有活力。

等我回到台灣，才慢慢了解這是怎麼回事。雖然暫離了台灣四年，學校裡我的學生知道我回來後，都會邀請我去聽他們的演出。有一個國中畢業音樂會，在音樂會的最後，所有演出者要唱一首合唱曲，是一支原住民的曲子。對於學古典音樂的人來說，要掌握音準與和聲並不難，然而詮釋原住民歌曲最重要的是要抓住跟天地之間的關係。他們在山林中狩獵、慶祝豐收，歌聲在大地間迴盪與共鳴，身體在舞蹈中擺動與狂歡，不管是教唱的老師或演唱的學生，都應該揣摩一下原住民歌曲的精神要怎麼去傳達。

可是，舞台上的同學們不僅沒有表情，連肢體都是呆板的，我感受不到一點歡樂的氣氛，只覺得大家搖晃得很無奈。整個演出過程是乏味、無助、被動的。

我們的教育到底怎麼了？我們又對孩子做了什麼？不用等到他們成為職業樂手，他們的生命有一部分已經僵化了。沒有真性、真情，於是也沒有真心話，更不用說發自於內心的演奏，發自於內心的歌唱與舞蹈了。

讓孩子常保真性情，不要僵化了他們對情感的表達。（應志遠 提供）

我想再分享兩則小故事。

有個很可愛的小女生，是我過去教過的某個音樂班小二學生的同班同學。有一次我的學生要考試，拉一首好可愛的曲子「玩具交響曲」，就邀請這位可愛的小女生當伴奏。她的臉圓圓的，眼神好明亮，彈到顫音的時候，舌頭一定要伸出來。對這個孩子來說，身體要繃緊一點，才彈得出好聽的顫音。我想要看她吐舌頭的可愛模樣，總是要她彈顫音，也對她非常誇獎。就因為這樣，這孩子好喜歡我，還跟媽媽要求想學小提琴。

這孩子很有音樂天分，鋼琴彈得非常好，也正在考慮要選另一項樂器當做副修，她媽媽就真的帶她來跟我學習。一開始她學得很好，可惜她的左手只要按弦幾分鐘，就會感到疲累，有一定比例的孩子會出現這種狀況，也就是手部肌肉耐不住這樣彎曲的角度。我跟她媽媽說，這孩子不適合小提琴，如果硬學下去，會把她對小提琴的熱情消耗掉了，我鼓勵她學別的樂器。這孩子非常熱情，是我看到學音樂的孩子裡頭，非常開朗的一個。

有一天我們又遇見了，她一看到我就衝過來緊緊抱住我的大腿搖啊搖的。她只比我的孩子小幾歲而已，我也摸摸她的頭。突然間有個嚴厲的聲音傳過來，她的導師用銳利的聲調要她馬上鬆開手，還要她趕快跟我道歉。當我正享受著被一個孩子熱情擁抱的時候，這個孩子竟然遭到喝斥，孩子很慌張，完全不知道發生了什麼事，也不懂老師為什麼要她道歉。老師繼續指責她，說她冒犯了應老師。這件事讓我覺得很詫異。

上了三年級後，她已聽了我的建議改學法國號，幾乎所有老師都說她是個天分極高的孩子。有一次我去找我的學生，才一靠近教室，就聽到一串法國號的音階和琶音練習，吹奏得極為流暢，然後我都還來不及反應，先是聽到一陣孩子的笑聲，接著我的大腿又被這個孩子抱住了。

等到我從巴黎回來，再遇到這個孩子，她已是亭亭玉立的高中生了。我跟她打招呼，說她怎麼不抱應老師了？她回答說：「老師，你知不知道你很老耶！」我不禁莞爾。

我們的社會文化，不管是用禁止或其他方式，總是不支持人們自在地表達內心的真正情感，因為覺得這個世界是危險的、難以信賴的。所以，一個小孩子不能對她喜歡、對她有好的影響的男老師表達好感。社會上的確有變態的人，但也用不著假設每個人都是變態吧？我們被不斷地要求要很有分寸，要懂得防範，在這樣的氛圍裡，希望孩子能夠講真心話，基本上是很困難的。

真性真情，是健康的心靈狀態

另一個是有關法國小提琴家普雷（Gehard Poulet）的故事。

啾啾十四歲的時候，我帶她到巴黎去跟普雷上了一堂課，目的是想請他鑑定一下，到底啾啾適不適合到法國學小提琴。普雷十分平易近人，他教了啾啾很多東西，雖然只有一堂課，卻著實打開了她的眼界。他為了讓啾啾知道演奏音樂時的身體狀態，比如拉非常高音的時候，身體反而要極為放鬆，才能做到堅定且集中，他竟然跳到沙發上，半躺著拉琴做示範。當啾啾每次都做到普雷希望她做到的要求時，普雷好開心，跟她說：「你要留在巴黎學小提琴！」

那天我們要告辭的時候，普雷一直說啾啾很棒，卻露出不好意思的樣子，我馬上知道他想要親啾啾，他猶豫著向我看了一眼，可能考慮到東方人的觀感。可是他很快地衡量後，就一邊

笑著看我，一邊拉起啾啾的手，拍拍她的手，放到唇邊親了兩下，藉由這個親吻的動作告訴她：「我很喜歡妳，妳要留在巴黎。」

這個動作帶給我們情感上的支持，旁人真的很難想像有多麼重要！

一個六十出頭、第一次見面的長輩，他可以如此自然地表現他的感情。他不但用說的，也帶著笑意看著你、親吻你，所有的表達是這麼地完整，每個環節都缺一不可。有真性、真情，才能真切地表達，這是多麼健康豐富的心靈狀態啊！

一個人如果不能無懼地呈現真實的自己，又不能歡暢地和他人共享真情交流，這樣的人生，縱使榮華富貴也是悲劇一場。

「童言童語」是父母的財寶

當孩子的真話一旦牴觸到父母的尊嚴，也許就是父母該反省的時候了。孩子的童言童語，總是真實地反映他們的觀感。

啾啾兩歲多的時候，有一次媽媽叫她不要挖鼻孔，說這樣沒氣質喲！結果她不假思索地說：「那爸爸沒氣質！」講真話是孩子的天性，也是父母的財寶，我們要珍惜它。

當孩子的內心是通透的，快樂很容易保鮮，牛角尖不來糾纏。（應志遠 提供）

有一回就大事不妙了，因為我過度管教，小學五年級的啾啾忍不住寫了一首打油詩，表達強烈的不滿，最令人難忘的兩句是：「臭爸爸，臭爸爸，虐待兒童是何罪，好腿打成斑馬腿！」這首詩讓我慚愧不已，雖然我立刻調整作風，但是她真切的語彙表達，成功地把控訴烙印在我的心版上。

相較之下，妹妹比嘎的方式更為直接。有一次她把家裡搞得天翻地覆，姊姊打電話告狀，我生氣地表示說，回家第一件事就是要處罰她。這下子比嘎嚇壞了，接著變成忿恨難消，剛好看到一張爸爸的照片，於

是拿起一支沒有墨水的原子筆，朝著我的臉狠狠地劃了好幾個大叉，氣消之後又繼續大鬧天宮去了。後來其實什麼事也沒發生，一直等到我看見這張受傷的照片，才警覺自己又犯了嚴重的錯誤。比嘎藉著這張照片，講出自己當下受傷的心情，這不啻是講真話的另一種方式。我再一次檢討自己的態度，修補和她之間小小的傷痕。

無論如何，講真話就會受到肯定、得到回應，這是我們家永遠的共同信念。

愛孩子，就讓他知道真相

有些認識我的人會說我對孩子太毒舌，我的回答是：「愛她，就讓她知道真相。」這是講真話的另一層積極作用。

比嘎是個我行我素的人，有人說她很有guts，敢跟長輩頂撞，當然她的個性裡也有好的特質。我常跟她說，假如我們生活在一個原始社會，要跟另一群食人族對抗的時候，她一定會是那個勇往直前的勇士，可能整個族群存續的命脈就要靠她了。她的性格很原始、勇敢，是個能夠面對殺戮的人，可是放在現代社會，就顯得太自我中心了。

有一次，她跟姊姊、當時的男友一起出遊，她就是硬闖紅燈，男友與姊姊規勸她，她不但不聽，還回說：「被撞，我自己負責！」事後姊姊跟我們說起，還是很生氣，覺得妹妹太過分了。於是我跟比嘎說，如果我聽到我的朋友是這樣的態度，那麼這個人就不再是我的朋友了，一個會把他人的好意當成惡意的人，我們是沒辦法做朋友的。

當時比嘎還不覺得自己的心態很嚴重，直到男友痛下決心，主動跟比嘎分手。她那時候很痛苦，一下子暴瘦許多，說知道自己太任性了，她很想挽回。我們就說，她前男友這樣做，反而讓我們對他的觀感變好。比嘎說，我們怎麼不安慰她，還說這種話。我對她說，其實妳的男友已經在心裡想過很多次要分手了，妳一定也說過很多次要改，他也一定試著修補過，所以這一次應該不是臨時起意，而是真的對妳的行為徹底失望了。

我跟她說，在她的生命中，所有愛她的人都是她生而俱有的，都是有血緣關係的人，她第一次靠自己經營得來的愛，就是跟男友的關係，不過失敗了。我鼓勵她不要難過，可以好好再去經營第二個、第三個，不只是男友的關係，所有的關係都應該好好經營。老爸因為是爸爸，這個關係是不變的，不然的話，老爸也想跟妳分手。不要以為親子關係就不需要經營，彼此的感情也是會慢慢疏離的。我很坦白地告訴她這些真話。

有人說我這樣講太狠心，可是我寧願讓她知道，這是我真實的感受。的確，當時她很痛苦，但她也知道，老爸還是把她當做生命中很親近、很重要的人。事後也證明，這樣的談話帶給她某種警惕，對她的人生是好的影響。

朋友之間，勇於講真話

在適當的環境下，講真話還可能獲得同儕的尊重，和他人建立起深刻的友誼。當朋友發現，這個人除了對他表達關懷，還能夠說真話，在朋友心裡的地位自然會提高。

啾啾在二〇一一年六月考進土魯斯國家交響樂團，九月以試用期團員的身分工作，還得被各聲部的首席、指揮觀察一年，才能成為正式團員。某一次團練時，有幾個老團員表現得吊兒郎當，不看指揮又嚴重拖拍，年輕的俄籍指揮對這些老團員沒辦法，只好擺低姿態請他們不要落掉這麼多拍點。剛好一個坐在啾啾後面的老團員大刺刺地說，是指揮錯，不是他們錯。事實上，其他樂器的時間都對了，就是那幾個人一直拖拍子。那人還繼續振振有詞，啾啾便回過頭去，非常不客氣地對他說了句：「Non!」就是「No」的意思。那人還想再講，啾啾又說了一次：「Non!」全場氣氛突然變得好尷尬。一個還需要被評鑑的新團員，竟敢如此表態，那個人臉上掛不住，就不再講了。之後樂團繼續練習，狀況果然好很多。

當我聽到這件事時，雖然也擔心了一下，不過啾啾過去也有好幾次這樣仗義直言的事情，事後發現，正因為有人講了真話，會讓其他原本就支持正確做法的人，也得到一種鼓舞。

前陣子我跟啾啾說，想到法國土魯斯旅行，希望她利用公餘時間帶我們去玩。結果當初那個被她嗆聲的法國人，熱情十足地說要當我們夫妻的地陪。

率真而熱忱的口吻是很有感染力的。

孔子說：「友直，友諒，友多聞，益矣。」其中的「友直」，不就是勇於講真話的特質嗎？

自剖的家風，讓孩子終身受益

比嘎在二〇一一年八月赴巴黎求學，臨行前我問她：在我們整個家庭教育中，對她受益最多的部分是什麼？

比嘎說，她從小就覺得我們家人講話都好直接喔！因為講真話得到鼓勵，這讓她敢於把心裡真正的想法說出來，也敢於對發生在自己身上或周遭的事情有所批判。這個家給她最大的財富之一，是讓她充分明白：我們的內心世界是可以去探索的，可以跟父母、姊姊、好友一起探索；也發現人們的心理有某些定律存在，不是那麼神秘不可捉摸的。她覺得自己並不是特別壞的人，跟大多數的人其實差不多，差別只在於她太過直接，或是不懂得一些說話的技巧。當她能夠內觀自己的心理狀態，也比較能夠處理自己的情緒，抽離掉一些負面或不可控制的因素。

比嘎也發現，她的朋友圈裡幾乎沒有人的家庭像我們這樣，她覺得很疑惑，為什麼大家都不去聊一些本質的問題呢？有些事只是心態造成的癥結，必須講出許多遮掩的話，讓事情變得複雜，一旦了解真正的心意，所有的行為都只是偽裝而已。現在的她可以活得愈來愈輕鬆，真正地活出自己，也得到親人的接納，這是最開心的事。

當我們一家四口聚在一起，就是不斷地提出彼此對於事物的看法，我們的觀點常常是不一樣的；有時也會一秒鐘內全數同意；有時事情比較複雜，需要時間沉澱，或者需要周遭朋友提供更多真誠的意見。當自己的內心是通透的，快樂很容易保鮮，而所有造成不愉快的因子，比如別人的污衊、自己的忐忑，都有辦法不被牛角尖糾纏。

啾啾說，我們家有「自剖」的習慣，每個人都可以把自己的心事剖開來，不只給自己看，也讓家人看，容許彼此批判。這個家風，讓她踏實又快樂，也是我們家非常自豪的傳統。比嘎的法國男友也感受到了，立刻加入我們的行列。對我們家來說，多一個同質生命的加入，就像多了一具哈雷望遠鏡。

人只要願意「自剖」，心理就可以得到相應的治療，對於造成痛苦的點也可以不斷深入，是有益身心的。

「真」走到哪裡，「愛」才能走到那裡

我和啾啾到巴黎學音樂時，認識了一個直率又有天分的青年鋼琴家，他是啾啾念巴高的學長。他有點過動，講話的時候表情和動作都很多，常常一口氣想講十句話，講到最後往往只

剩下氣音。我一看就喜歡他，後來氣的也是他，因為他竟然把我女兒追到手，兩人曾經交往過四年多。

他也很喜歡我們父女倆，我們講話的神態、互相對待的方式，都是他喜歡的感覺。一方面我是他很好的玩伴，但是對於生活的態度與理念，一批判起來，我也是毫不留情，相當嚴厲又有原則的。他有一次受不了，跟我女兒說：「妳爸爸好邪惡！」我是那麼可親，卻又比他所遇過的長輩更威嚴。我們相識至今已經十多年，情誼深厚。

有一次他帶了現任的日本女友來台灣玩，當然就住在我們家。他開心到極點，縱使是被我唸，都覺得很放鬆、很舒服。他知道我們家講話就是這麼直接，不會壓抑不滿在心裡，只要說出口的，就是真正想講的話。

他的日籍女友很驚訝，想不到竟然不同年紀、不同領域、不同家庭的人，只要來到這個家裡，

自剖的家風，真誠的頻率，讓來到這個家的人也願意敞開心房。

每個人都可以這麼放得開，她說不僅這輩子沒看過，相信在日本幾輩子也看不到這種情況。我也告訴她，台灣並不是每個家庭都能做到，但我們家的確有一種頻率——開朗又放鬆，家人可以自在地顯露自己的性情，迸發出一種和樂的能量，會把別人吸引進來，讓別人也願意敞開胸懷。所以我說：「『真』走到哪裡，『愛』才能走到那裡。」

說話的腔調不可矯柔做作，那跟講真話一樣重要，說話口氣不自然的人，常常口是心非。所以，父母說出的每一個字，都必須發自真心，孩子才會認真對應。假如父母本身隱藏著許多秘密，或者存心敷衍、故弄玄虛，孩子從語調中就會感覺到疏離，久而久之，和爸媽講真話的心與口，也會慢慢關上了。

率真而熱忱的口吻是很有感染力的，多跟講真話的人在一起，他們的聲波可以振奮人心。在我父親過世前兩年半，我搬去跟他住，我以前跟他其實並不親熱，但在陪伴他的這段期間，我是一看到他就打從心底喜歡他。我每次邀他去海邊兜風吃海鮮，或者去烏來看瀑布吃山產，他都用很爽朗的聲音說：「好！」我每次看到他都「老爸、老爸」地叫，其實我以前不是這樣叫他的。

住我對面四樓的鄰居，其實是我的啟蒙者。每次他一回到家，就會聽到他很熱情地叫著「老爸」，不管他爸爸的回應如何，從這個兒子的聲調可以聽出來，他是發自內心地愛著爸爸。每次聽著我都覺得好感動。自從我也開始叫「老爸」，我發現跟爸爸的距離更貼近了。

一個人有真性、真情，能說真心話，他的聲調與表情就充滿了磁力。來到這樣一個團體或家庭裡面，會讓加進來的人也想這樣子說話、這樣子大笑。這種感染力，比起透過語言來做邀請更加有效。

自己能夠講真話，也聽得進別人的真話，用真話趕走偽善造作，用真話把自己帶離抑鬱的窘境，用真話和他人搭起友誼的橋樑，這不是很好嗎？

親子聽音樂

用真情與誠實滋潤心靈

推薦曲目：莫札特小提琴奏鳴曲

家裡典藏兩套莫札特小提琴奏鳴曲的錄音，格魯米歐的版本如行雲流水、脫灑清新，謝霖的版本如青松蒼翠、濃郁沉穩，風格不同，各有千秋。每當聆聽兩位大師的琴音，須臾間已置身在莫札特真性真情的真愛世界裡，沒有矯揉，絕不囉嗦，言出肺腑，動靜自如。

假如各位已經厭倦現實生活的冷漠與浮誇，不妨讓莫札特的音樂滋潤你的心靈，他譜的可都是真心話哩！

第十一章

站在理字上支持孩子

「
理性教育，是培養孩子認識客觀世界法則的能力。
威權、嚇阻、模糊焦點，是扼殺理性增長的絆腳石。
好好跟孩子說話，與孩子共同討論，可以磨礪理性基石。
」

站在「理」字上支持孩子，講的就是「理性」的教育。

到底什麼樣的生命狀態是好的？前面所談的種種主題，大多圍繞在保有與發展孩子的「感性」部分，現在要深入到教導孩子的核心作為，同時也可探討整個生命的完善性——感性與理性的均衡發展。

感性如船艙，理性如船身

在正常狀況下，每一個人自然而然就會運用理性，將他的感覺經過分辨、取捨、整理再組織，也就是把所有小的感覺，藉由不斷地重組，使其變成較大的感覺，再經過碰撞、修正，成為一個更精粹穩固的感覺，然後再純化、擴大，最終達到敏銳、果敢與安定的成熟階段。這過程中，感性與理性無時無刻不交替運作著，我們很難把感性和理性一分為二。我試著透過一個比喻，來對照這兩者本質上的區別。

有一艘船，有人以此為家。形貌上是船，實際上卻是個家。船泊在水上，所有的資源也都從水裡取得，無論飲用、洗滌、排泄、捕撈，都從這外在的水環境裡得到供應。這水環境，猶如我們的「社會」。

一個人的感性部分，就像是船艙，雖然他必須在社會上立足，最好還是保持著像家一樣的天真狀態。天真，就表示他的感覺依然敏銳，喜悅依然強烈，像嬰孩那樣，也就是赤子之心。船的內部保持的是「感性」的純粹，船的外部由於要跟水連接，必須有個防護結構，也就是船身，而船身就是靠「理性」打造起來的。

「理性教育」是幫助孩子去認識這個外在世界，所謂外在世界，不只是社會而已，而是一切可能被理解的客觀世界。一個人若能透過理性，抓住客觀法則，他的生存障礙將會愈少，也就是他的船身愈牢靠。

「感性」帶給我們的是生命的實質，「理性」則幫助我們經營生活的樣態；前者是內容，後

者是容器，兩者缺一不可。

理性，是理解客觀世界法則的能力。理性較發達的人，對於數「理」可能感興趣，物「理」也會有興趣。有些人很會做事，就是很懂「事理」的人，可以俐落地把事情有條不紊地處理好。有些人對「法理」研究有著出奇的耐心。這些都是發自於理性的能力。

說到人類的心「理」，也是人所共通的一種「理」。人一旦能夠了解自己的心理，也就能夠大致了解別人的心理。縱然有著個別差異，大多數人的心理成分還是相近的，只是比例不同而已。只要冷靜觀察，不難找到心理的基本法則，其實大同小異。

「公理」是群眾心理形成的隱藏法則，它是因時、因地、因族群、因信仰、因習俗而浮動的「理」。「公理」仍在理性所能掌握的範圍之內，也是理性教育關注的重點之一。

若能給予孩子健全的理性教育，在他成長的過程中，每發生一個新的經驗，都讓他學習去了解其中的因果關係，無論是物理、數理、事理、公理、人的心理……如此，理性的船身將會很密實；對外在世界愈了解，愈能保護他的內在結構。

有些人天生「感性」很強，但若缺乏理性教育的開發，不僅不能設身處地理解他人，有時連清楚表達自己的想法都有困難，這樣的人會和環境擦撞。雖然他的內在結構一開始是完好的，可是不管在學校裡、在職場上都到處碰壁，沒辦法透過良好的溝通、合理的做法去落實，試問，這條船怎麼航行到對岸呢？

透過理知，航抵「音樂家」的港灣

以我自己為例。我一直渴望成為一位「音樂家」，可是當我考上音樂系後，就明白自己不可能成為一個演奏家，即使再多花十年時間苦練，也趕不上我的同學，更何況他們也很難達到演奏家的水平。從理知上，我很快知道演奏家這條路走不通了，於是我開始做調整，可是內在想要成為音樂家的渴望還在。

對我來說，「音樂家」指的是透過音樂，去提升並豐富人類心靈狀態的人，使聽眾能喜能悲、宣洩痛苦、撫平情緒、感到幸福。做為一個「音樂家」，我可以藉著音樂這項奇妙的工具，參與別人的內心世界，激發別人的生命力，也和對方分享我的生命。

我想過其他方法，比如透過教學。有一度我覺得似乎可以藉著優秀的學生來傳達我的樂思，但那畢竟不是出於他們自己內在的東西，我還是感到不妥與不滿足，更何況也不該讓學生變成我的傀儡。後來我學習指揮，也進了指揮圈，但在理知上衡量，還是受限於客觀條件太多。最後，我終於找到一個方法，也是從法國回來台灣七年後開創完成的方法，我借助偉大音樂家的錄音，憑藉著對音樂的熟悉和領悟，加上舞台表演和指揮的工夫、巧妙的旁白，同時融入唐詩意象，除了沒有親自下海拉琴之外，凡是我所擅長的，盡可能全部派上用場，在社區大學引導成人學生欣賞古典音樂。

就在臨近五十歲前夕，我內在的那艘船，經過了這麼多的曲折，從十六歲啟航，三十多年的航行，終於可以「抵達彼岸的港口」——藉由當一個音樂導聆者，達到我想成為音樂家的理想。

這是一個經過理性不斷調整的過程，我必須充分認識外在環境與自己的限制，放棄我原來的執念。當然，人需要堅持，否則無法鍛鍊才智，但若堅持到最後，發現仍是個進得去出不來的峽灣時，就得靠理知做出決定、改變航道，而非無止盡地執意下去。這就是理知的可貴。

「家」也需要理性的調整與落實

理知是一種工具，是規劃的航程，是實踐的計畫，是採取的步驟，是妥當的容器，是創作的技法，它護持著內在感性所領受的想像，把它載運出去，或者落實成為一件作品。理性教育就是在做這樣的事。

譬如，我相信「家」是個真善美的團體，也一直在蒐集、思考「家」的內涵是什麼？——就是彼此信賴，暢所欲言，可以完全放鬆，而且在「理」字上，父母是支持你的。

從我對「家」有這樣的想法，到真正實踐出來，差不多有三十年時間。我現在所擁有的這個「家」，跟我年輕時所想望的「家」幾乎一模一樣。歷經漫長的歲月，這中間需要多少理性上的調整！

前陣子我跟比嘎聯繫，說到想去普羅旺斯旅行的事，希望她跟她男友可以幫忙規劃，她一口答應並且真的就把事情辦好了。這豈是一通電話的威力？這是根基於二十多年來父女之間的情感與信賴，這就是「家」的理想終於落實的明證。

「家」對我來說，如今已是個成品了。但從它只是一個感覺、一個構圖、一個願景，到真正是一個成品，也需要超過三十年的航行。

人我之間，都用同一把尺丈量

回到實際面，「理性教育」的做法為何呢？

中國人有句話說：「嚴以律己，寬以待人。」我認為這是一句不存在的道德迷思。我告訴孩子：我們永遠要用同一把尺來衡量自己和別人。所以，我們對自己的批判不會客氣，對他人、對整個環境的批判也從來不會口軟。我們重視的，就是「理」。

在孩子的成長過程中，若是行為出現偏差，我們會立刻提出批評、開導，甚至管教；孩子對我們也是非常直接，假如她們發現爸媽言行前後不一，觀念迂腐，也會強力地辯白。若是在學校裡跟師長或同學起衝突的時候，不管是提出糾正抑或支持，我都是用「理」來衡量。

我從巴黎回來後，有一次被比嘎的導師約談，導師跟我講了許多比嘎的問題，我仔細地聆聽，也承認比嘎的性格容易令人覺得不貼心，是個有稜有角的孩子。可是當老師提到對她的監控，提議我們偷看她日記的時候，我立刻表明我們是不可能偷看孩子日記的。老師覺得比嘎說不定在談戀愛。「如果她需要的話，只要不傷害別人，就讓她談吧！」我這麼回答。

經過這次的會談後，比嘎很尊敬我，她知道爸爸心中那把尺，對內對外都是一致的，並不會因為她過去犯了一些錯，就認為她做什麼事都不對。這件事讓她非常開心。

比嘎在離開台灣前對我說，她很感謝爸媽兩件事：一是我們家有不斷自剖的家風；另一件是，雖然爸爸對她的管教很嚴格，但最讓她感覺溫暖的，是不管她跟師長、同學或親友發生衝突，父母總能夠根據雙方的論述，秉持著同樣的尺度來衡量，不會因為對方是外人、長輩、握有權力的人，就採用比較寬的標準，要自己的孩子忍讓。她相信父母的確是站在公理上對她提出建言，有時也會對她表達支持，這讓她感到很窩心。

對於施予孩子的管教，不應該來自於威權，而是父母對於公理有一把標準一致的尺，基於這個標準所加諸於他們身上的批判或修正，才算是一種善導。

模糊焦點、違反理性的教育

從小我就隱隱覺得，這個世界並不是個「講理」的世界。比如鄰居家剛學走步的小孩，搖搖晃晃地把腳勾到門檻跌倒了，哭得很大聲，他的阿嬤就會作勢打門檻，說門檻壞壞，害小孫子跌倒。阿嬤很注意處理孩子的情緒沒錯，卻沒有讓孩子真正看清楚，到底他的跌倒跟外在環境有著怎樣的因果關係，也沒有讓孩子因為這件事帶來更多的警惕。

一旦孩子跌倒了或者碰撞受傷了，家長為了要快速安撫孩子的情緒，往往模糊掉整件事情的焦點。不只家庭教育經常如此，連整個社會的氛圍也常常是這樣。

當孩子不講道理或胡鬧的時候，有些家長用來跟孩子勸說的話常常是：「你這樣做，某某某看了會笑你喔！」「警察會來抓你喔！」「虎姑婆會來咬你喔！」我小時候聽到這種話，都覺得很誇張，大人怎麼會把一些不存在的事實拿來搪塞或嚇阻孩子呢？

這是教育的一個大問題：大人並沒有真正教導孩子去理解自己跟這個環境之間的對應。

當孩子吃壞了肚子，扭傷了筋骨，大人撫慰孩子的時候，有時還會加入怪力亂神，說用神水給他灑一灑，把平安符戴在身上，這樣就會舒服一點，惡運就會少一點。長輩常常用模糊焦點的方式把情緒處理過去、孩子不再哭就好了，這是「反理性」的教育。

這個世界是有法則的，每件事情也都事出有因，大人習慣性模糊焦點的處置方式，會讓孩子沒有機會去觀察到事件本身的道理。

再者，大人也慣用嚇阻和威權式的教育，也就是嚇孩子。無辜的「警察」已經被冒用很久了，我覺得「警察」真的可以去告那些污衊他的大人們。有一次，我看到一個親戚的女孩穿得很邋遢，我問她怎麼不穿漂亮點呢？她竟然說：「不能穿漂亮，穿太漂亮我爸說警察會抓我！」其實她爸爸的用意可能是希望她不要只追求外在的美貌，但是又不跟孩子明說，卻為了圖方便，用嚇阻的方式來打消她愛漂亮的念頭。

嚇阻是件恐怖的事。如果一個人不做某件事，是因為被嚇阻的關係，那麼恐怕會在他生命中不斷地累積陰影。

有一天我到新店安坑的二叭子公園散步，準備要離開的時候，有一隻好可愛的黑狗跟著我，一直搖尾巴，牠的主人也就在附近。然後有兩個長輩帶著一個小孩子走來，其中女性長輩一看到台階下面有一隻狗，馬上跟孩子說：「狗狗喔！怕怕喔！小心不要摸狗狗。」那孩子真

畢業紀念冊上滿載著美好的校園回憶。學校也要維護孩子的理性和尊嚴。

的也就很怕，馬上躲到了大人後面。

我心想，那明明是一隻搖著尾巴和善的狗，只要不是故意用手去戳牠，摸摸牠是不會有問題的。這本來可以是個讓孩子親近動物的好機會，說不定孩子原本對狗是有善意的，卻因為大人預先透露這樣的訊息，造成孩子的害怕。在我看來，這根本是違反大自然原理的一種教育態度啊！

我們常常只是為了預防那萬分之一的危險，就完全杜絕孩子去探索的可能性。嚇阻讓事情變得簡單了，可是卻遺害無窮。

「威權」無所不在

我們的社會真的很威權，「某某某講了算！」「某某某都是為你好！」一句話下來，就把孩子全給震住了。

我太太是個喜歡講理的人，卻偏偏遇到一個受過日本教育的父親。他無法接受孩子跟他講道理，有時一怒之下還會出手打她，也讓她變得更加忿怒。她父親並不是不愛孩子，他也很願意栽培孩子，然而「威權」卻讓孩子的理性無法得到充分的尊重。「威權」傷害的不僅是孩子的心智，更會造成兩代之間難以修補的裂痕。

防礙理性增長的因素，除了大人經常性的模糊焦點，動不動就嚇阻孩子外，過於威權也是嚴重的問題。其中又以威權最為可怕。

相對於大人，孩子是這麼弱小，他不太可能為了堅持維護「理性」的成長空間而大聲疾呼。碰到威權的大人，他或許還沒出聲就被責罰了，只好不斷地壓縮自我，學會明哲保身。那個被壓縮掉的，就是「理性」和「尊嚴」。

我想分享幾個跟威權有關的故事。

小時候，我在媽媽任教的安坑國小就讀，同學們都很怕當時班上的導師，他只要脾氣一發、眼睛一瞪，要打學生多少下全憑他的心情。我雖然也害怕，但我從小就是個懂得觀察形勢、善於甜言蜜語的鬼靈精，媽媽又是學校老師，在多重優勢下，處罰從來沒有我的份。

這位老師喜歡找我下半盤的暗棋，每次我都要很巧妙地剛好輸給他，還要輸得很懊惱，這樣老師才會高興。以我這麼機伶的個性，還得如此小心翼翼，才能為自己爭取到苟安的空間，逃過被處罰的劫數。班上其他同學就沒這麼好過了，每次只要看到老師又處罰同學，我都非常害怕。

大女兒啾啾在小學時也有類似的遭遇。當她看到某位同學因為講了某人的好話，而這人正好是老師討厭的人，或是講了一句讓老師不開心的公道話，從此這位同學就得經常忍受老師施予的壓力，看到這種情況她非常難耐，雖然她自己並未受到這樣的待遇，老師對她也不錯，但她覺得面對這樣的老師、待在這樣的學習環境，是一件痛苦至極的事。後來我們決定支持啾啾的感受，讓她轉學了。

我高中讀師大附中，當年在南樓與北樓之間蓋了一棟新建築物，高二時就在那棟樓上課。我們的歷史老師非常憤世嫉俗，時常不講正課，一看就知道是個威權深埋其中的人，班上同學也都很戒慎。有一次我真的完全聽不下去，就在歷史課本上畫起建築圖，我國中工藝課老師曾誇我很懂得建築比例。當我畫得正開心的當口，突然腦袋被重重一擊！歷史老師已經站在我身後，全班同學只能眼睜睜地看著我，而我才剛驚醒過來，老師便非常兇地指著北樓說：「滾出去！你再也不要進來！」

我這個人臉皮非常厚，既然沒有挽回的餘地，我就很有尊嚴地走出去了。此後，每到了歷史課，我就變成全班最快樂的那個人，同學們都覺得我是唯一能夠逃離鐵幕的人。我每次都在北樓那邊的操場散步，偶爾跟福利社賣酸辣湯的老伯聊天。過了一段時間，某天一個同學急忙跑來叫我，說老師要他找我回教室去。

當老師這樣對待我的時候，誰敢說老師錯了呢？是你自己上課不專心，老師要敲你頭，把你趕出去，最後看你那麼樂又把你抓回來，一切都看老師的心情。在這樣的教育環境下，我們只能自求多福。

「威權」是籠罩心靈、摧殘理性的黑暗力量，即使像我這樣比較滑溜的人，雖也懂得成人世界的明哲保身，卻因為無法感受到正義，心裡還是會感到不安，感到卑下。

如果碰上威權的老師，父母又用息事寧人的方式勸說：「師長都是為了你好」、「我們要嚴以律己」、「你自己也有錯，就不要再爭辯了」……當孩子發現，就算公理站在他這一邊，他仍然不能捍衛自己的權益與尊嚴，假如他的勇氣又不夠，那麼扼殺的將是他理性成長的空間。

理性教育，從嬰幼兒就開始

以前，許多朋友都覺得我教小孩很可笑，我從她們還不會說話的時候，就開始用理性教導。比如她們不小心跌倒了，看得出來真的很痛，當然是先安撫情緒，接著我會告訴她們剛剛所發生的事。

我很早就發現一個事實，當你誠懇地、巨細靡遺地告訴孩子一件事的前因後果，就會自然開啟一種理性的頻率。孩子喜歡這種頻率，這種頻率會帶給他安定。

在跟孩子講話的時候，我會非常注意是否合乎邏輯，並盡快讓她們明白，甚至讓孩子複誦爸爸剛才說過的話。不管是受傷了還是被處罰，爸爸都會告訴她為什麼會這樣，然後警報解除，一切又回到親密的狀態，從理性跳回感性。理性的狀態不需要維持太久，只要抓住最關鍵的

教導孩子理解自己跟環境之間的對應，開啟理性頻率。（應志遠 提供）

時間點就可以了。

不要小看孩子，以為孩子不懂大人講的話。好好地跟孩子說話，孩子的語言能力和思考事情的方式，都是從父母跟他說話的過程中吸收的。講話精簡，用字文雅恰當，邏輯清楚，孩子耳濡目染下養成的思考習慣，也不容易打結。

我雖然管教孩子很嚴格，但永遠記得自我要求：不可以把個人的情緒夾帶到對孩子的管教裡，更不可以將自己的痛苦轉嫁給孩子。

我跟孩子的關係從一開始就是非常親密的。當孩子跌倒了，只要把她們擁入懷裡，已經不太需要再用任何言語來安撫。光是擁抱本身，孩子的情緒便已得到極大的撫慰。

然後，只要我認為這是她們認識客觀世界的機會，就會一邊抱著她們，一邊帶她們去回顧。方才發生了什麼事？為何會撞到或跌倒呢？原來是樓梯很滑，因為穿著襪子所以滑倒了。「可是還好，因為妳有用手抓住欄杆。」我會特別強調這部分，也指著她們的手，甚至還自己演一遍剛才孩子跌倒的樣子。「所以妳摔倒的時候，並沒有整個跌下去啊！」「因為妳的身體還是不平衡，所以頭撞到了欄杆，現在腫了一個包，很痛，對不對？」我接著說：「但是還好，妳還醒著，那只是痛而已，妳的頭沒有撞壞，等一下就不痛了。現在有沒有感覺已經比較不痛了？」通常講到這裡，孩子的身心都已得到平靜，的確不那麼痛了。

正因為孩子親身經歷了，父母就要趁這個機會，趁著還有強烈感覺的時候，立刻讓他看到小小的因果關係，把能夠呈現的事實盡量地說出來。

或者，有時包腫得很大，我會一邊幫她冰敷，一邊說明是因為撞到的地方微血管有點破裂，順便將我們所知道的醫學常識告訴她。當父母這樣跟孩子敘述的時候，孩子不但感受到父母是真的關心她們，也會看到長輩的內在有一種素質，不會輕易陷入情緒的浪頭或慌亂當中，能夠立刻處理好又立即教導她們。

透過討論，讓理性得以鍛鍊

我們也很喜歡讓孩子參與討論，藉以鍛鍊孩子的理性思考，尤其當她們有一種嚮往、一種渴求想要落實的時候。

譬如想要學體操這件事。到底是去外面跟老師學好呢？還是請老師來家裡教？還是自己看影片學？當孩子開始覺得，看影片模仿跟真正的學習是有落差的，進一步還想成為一個小小的體操選手，而父母也同意從旁協助她朝著心願邁進，在這個時機點上，孩子會特別願意去了解：怎樣的客觀環境對她有利，又需要排除什麼樣的障礙？她必須如何跟父母溝通？她需不需要調整自己的作息，以從事體操所需要的練習？她又需要父母提供怎樣的器材支援？……經過討論與協商，也就是她們鍛鍊理性的時候。父母要多鼓勵孩子這麼做，用理性來溝通，以實現自己的心願。

又譬如，我們決定去日本玩，而孩子提出能不能順便去看富士山。我們就依這樣的提議做討論：可能會多花多少錢？如果每個人都要分攤多出的花費，爸爸出九〇%，她能不能出二%，而二%又意味著多少錢？藉由跟孩子一起討論（其實並非真的如此分攤），讓她們了解

背後必須考慮到的經費、交通、住宿等等。

當孩子有了想法，從動機到實踐，可以透過共同討論，讓孩子一次又一次地學習，原來實現願望就是這樣的過程。我們需要打造一條能夠行駛的船，從此岸航行到彼岸，要怎麼把船開出去，又要一路順利平安，直到抵達港口，這就是從感性出發、透過理性達成的過程。

我們也盡可能讓孩子參與這個家共同要做的事，有些主意是啾啾的，某些主意是比嘎的。如果凡事都由父母打點好，孩子很難有特別的感受。我一定會讓孩子知道，「家」的這艘船上，船舵可以留下每一個人的手印。

透過「理解」遠離危險，而不是懼怕

偶爾我還是會禁止孩子做一些事，當我覺得事件的危險性是我不願意負擔的，我就不會讓孩子做，但不是用制止或威嚇的方式。

譬如孩子喜歡拿叉子玩，我就會用戲劇性手法，先找個尖尖的東西讓她感受一下刺的感覺，再用一塊布隔著，稍微用一點力去刺，讓她有一點痛感，然後讓她知道，如果爸爸更用力，就會刺穿布、再刺到她的肉裡。藉著一種遊戲的情境，我讓她知道人是會受傷的，尖的東西是危險的，痛是什麼感覺，還有玩叉子的潛在危險跟玩橡皮擦是不一樣的。縱使沒有直接禁

家之於孩子，是彼此信賴、暢所欲言、完全放鬆，而且在理字上，父母是支持你的。

止她，就算她還想繼續玩叉子，也會試著放低一點，動作收斂一點。

譬如孩子太靠近懸崖邊，我覺得有點危險，就會先引起她們的注意，丟一顆石頭下去，讓她們聽聽看，要過很久時間才聽得到落地的聲音，然後對她們說：懸崖是很深的喔，要小心一點。讓孩子自己去判斷、去理解外在的環境，當她們對客觀世界的了解多一些，做出的防範也會比較正確。

我喜歡藉由模擬遊戲，讓孩子以「理解」去遠離危險，而不是用恐嚇的方式。我希望孩子的理性得以正常的發展。

從我小時候和玩伴互動的經驗，小孩子的團體生活其實需要很多溝通，很多時候也需要有裁判來主持公道。團體生活必須很講理，才有可能維持秩序。我甚至發現，我們這群小孩子彼此講理的程度，還遠遠高過我當時接觸到的大人。透過講理，體驗「公論」形成的過程是非常重要的。

我曾在國內著名的自主學習學校「種籽學苑」裡，看到一種令人讚嘆的理性教育制度，符合我童年的經驗法則。在這一所青山環抱的小學裡，竟然所有師生都有權利對行為偏差、危害到自身或公眾利益的人提出訴訟，也果真有一間法庭來受理案件。公開的審理與辯論，是要讓當事者充分地看見公理依據和群體心理形成的過程，孩子必須服膺最後的判決和處分，這是給孩子最好的理性教育，也是理性社會的小範本。

開放、客觀是理性成長的基石，「學生法庭」的設計實在美好。

在「理」字上支持孩子，除了孩子的本質得以茁壯外，將來與社會接軌機會愈來愈多的時候，不會因為威權的出現，而削減、扭曲了他們理知上的發展。大人只要在關鍵時刻跳出來，用「理」字支持孩子，等於把最後一個障礙也拿掉了。

親子聽音樂

理性的照見，讓我們認清方位

推薦曲目：貝多芬「英雄」交響曲第一樂章、布拉姆斯第一號交響曲第四樂章

感覺不好的時候抱怨連連，情形好轉就苟且拖延，只憑感覺很容易陷進人性的弱點，走不出迷宮，在夜海中沉浮擱淺。是理性的照見，我們得以認清方位，脫離險境，勇往直前。站在理字上支持孩子，也支持你我，就是將與生俱來的智慧之燈掛在高處，在亮光中採取行動，獲得認同，甚至集結力量，共創文明。

貝多芬的「英雄」交響曲第一樂章，和布拉姆斯第一號交響曲的第四樂章，所呈現的美感，正是人類覺醒的光輝、共濟的熱情，和無畏的精神，是理性的聖火連綿不絕，是理想的世界近在眼前。

第十二章

砍斷魔掌，剪斷臍帶

「當父母用自己的意志左右孩子的選擇，就是一種掌控。父母要在適當的時機放手，孩子要剪斷心理依賴的臍帶。相信孩子，尊重秉性，讓親子間在心靈上比翼飛翔。」

無論跟我們家是否熟識，每當我兩個女兒一起出現時，通常都會讓人覺得醒目。我大姊曾經不只一次跟我說，每次看到我家的兩個孩子，就是覺得她們有種特別的氣質，神采就是跟別人不一樣。

我想要分享的是，只要讓孩子從小保持快樂，並持續用親密、用玩耍、用溝通、用大自然去滋養他們，他們就會長得很茁壯，透過眼神和儀態自然地流露出來。

「茁壯」是生命必然的質素，沒有任何生命是要去追求凋萎的，它會盡量去汲取光線，找到最適合的地方著根。因此，只要是對孩子好的，我從來不去阻止，盡量讓這些美好的元素去陶養她們。

但凡對心靈有幫助的，是愈多愈好；心理的負擔則是愈少愈好；身體的供應只要剛剛好就好。這就是我養育孩子的原則：心靈多，心理少，生理剛剛好。

孩子的感性之窗已經敞開，理性教育則可讓孩子堅強地駛離他的港口，保有了原來的美好，而能穿越這個不盡理想的現實世界。

現在，我們要進入養育的最後一關，也就是「放手」。

「掌控」是家庭教育最後一道愛的障礙

家庭教育最後一道愛的障礙，來自於「掌控」。當父母用自己的意志左右孩子的選擇，就是掌控。

掌控慾是人生最大的難題和苦海，「掌控」的心理根源則是「生命的未完成」。心靈愈自由的人，掌控慾愈弱。

生養孩子需要極大的能量與主見，就像一位船長要帶領一艘艦隊穿越一片危險的海域，他必須很有信心才能做到這件事。正因為得有這麼強大的能量與主見，難保這中間不會有偏見；難保這樣的付出下沒有掌控；難保對孩子的敦促沒有一種意志上的左右；也難保在孩子必須獨立的時候，我們延遲了孩子與父母之間臍帶的分割。

究竟什麼時候，父母該堅持一定要讓孩子剪斷臍帶呢？

臍帶不剪，這意味著：孩子還需要父母給錢，還要住著父母的房子，得靠父母幫忙打理衣食，那麼父母對孩子就還有一定的影響力，對孩子主觀的期待就還有一個管道可以繼續作用。

把孩子細心呵護好，這是最初的階段；接下來，給孩子足夠的啟發與帶領；接下來，跟孩子熱切地分享一切；接下來，孩子的人格特質漸漸顯露出來，父母開始讓孩子自己做決定；接下來，父母給孩子更大的空間，讓他跟學校、社會接軌，在眾多學科裡尋找自己的興趣，孩子與父母之間則保持著微妙又寬鬆的距離。到此為止，我都能做到。

啾啾十五歲時，我帶著她到巴黎，也給了我極大的震撼與反省。因為過去，我對孩子是涉入很多的。孩子得剪斷臍帶，父母要放棄掌控，時間必須掐得剛剛好。

對孩子付出多，期望難免也多

自從啾啾得到指揮家陳澄雄的肯定之後，有兩次跟著樂團到國外演出，尤其第二次要到歐洲，因為擔任獨奏，她需要一把好琴，那時拉的是拉威爾的經典名曲「吉普賽」。才十二歲

這是我最喜歡的木雕作品之一。四個音符，代表了我們一家四口，各自擁有獨特的旋律，又能相依唱和。

的她已小有名氣，有琴商主動借她一把價值一千多萬元的琴，也讓這把琴在適當的場合曝光。有一次家庭聚會中，啾啾當場試拉這把三百多年的古琴，一拉完，我大姊夫深受感動。事後他告訴我，當天他馬上到樂器行買了一把好吉他犒賞自己，因為他看到連一個小女孩都有這麼好的琴匹配，而且拉起琴來一點都沒有騎虎難下的感覺。

那段時期，啾啾帶給我們太多的快樂與驕傲，我們也都很願意為她勞碌奔波。她在霧峰的省交集訓，只要一通電話，有任何需要，我們家三個隨傳隨到，心甘情願當配角。這當中，付出了這麼多，難道不會相對也有強烈的期望嗎？

巴黎帶給我的震撼，其中一位是朋友的法籍鋼琴家老師。他是位慈祥又有見解的教育家，在法國音樂圈佔有一席之地，照顧學生更是不遺餘力，包括精神和物質層面。可是他自己的兒子卻過著頗為窘困的生活，結了婚，租著房子，水電費往往繳不出了，都不曾跟父親開口求援。有一次，這位老父親到巴黎，兒子一家三口來看他，我也參與了他們的聚會，我看到他們祖孫三代好快樂，彼此就像好朋友般。如此自在又健康的親子關係著實讓我驚訝！這位音樂家連沒有血緣的外國學生都能盡心盡力地幫助，他沒有理由不照顧自己的孩子呀？但是，當時間到了，孩子就是獨立了。

此外，我還認識了一位台籍旅法小提琴家的母親，她曾跟我分享一些見聞。印象最深的，就是法國著名小提琴大師普雷的故事。普雷的父親是當代知名的指揮家，聽說他有九個孩子，以他的條件，大可訓練每個孩子都成為音樂家，但他只培養了普雷，因為他知道：另外八個不適合。法國的藝術環境和資源是很豐富的，但他一點都不強迫自己的孩子走藝術這條路。

我更看到一些音樂家，他們栽培孩子，卻不去影響孩子的人生，尤其不可能讓不適合學音樂的孩子走上音樂一途。我自認已經給孩子很自由的教育，也自認是個理性又開明的父親，可是在巴黎，眼前所見仿如當頭棒喝般，我發現我還是沒辦法真正做到對孩子「放手」。以前，我心裡還是不免想著：我的孩子很好，那將來就跟老爸一起闖天下吧！這樣的想法與期待，就是掌控慾。

我是到了巴黎之後，才下定決心「了結」自己的掌控慾。我砍斷自己的魔掌，是慢慢地砍。

讓孩子活出自己的樣子吧！

如果孩子的氣質像一隻兔子，就讓他是一隻兔子；像狼，就讓他成為狼，別期待狼可以像兔子那般溫順，寧可他是狼，而不要是隻不羊不狼的怪獸。我們的教育問題便出在，不管孩子的稟性是什麼，就期待他是忠實的狗、可愛的綿羊、任勞的水牛，像這個像那個，就是不讓他活出本來面貌。基本上，我兩個孩子現在的樣子，就是依著她們原來的稟性，是上天給予的樣貌。

有人問我說，為什麼我教小孩似乎得心應手，他教起小孩就那麼棘手？我跟他說，棘手才是常例，得心應手是罕例。我告訴他，狗生出來的是狗，鱷魚生的就是鱷魚，但是人呢？可就不一定了！人的個性裡面其實有一隻豬、一隻鱷魚、一隻貓，或是一隻老鷹的原型。一個綿羊性格的人，可以生出一隻狼。會生出什麼樣的孩子，是件難以捉摸的事，孩子的稟性往往沒個準則，常常一對很保守的父母，生出一個很衝撞的孩子。如果把人的本性用各種不同的動物做為區別代號，真的會令人大開眼界：老鼠可以生出蠻牛，兔子可以生出鱷魚。剛好我的個性比較像一個野生動物園的園長！

在父母的心裡，都希望自己的孩子是在他能夠理解的範圍內，這就會形成一種控制。可是這種控制，並無法真正把孩子扭轉成父母所想望的那種內在。孩子的內在是一隻小狐狸，不可能教成一隻小綿羊的；孩子看出父母希望他是一隻小羊，他便穿上小羊的外皮來偽裝。父母一定要了解，孩子絕不會扭轉成為你要的樣子，但是他可以騙你，父母也可以不斷地催眠自己，活在錯覺裡。要記得，孩子的內在與外在，常常是兩個不同的物種。

我希望孩子活出自己的樣子，可是心裡頭也多多少少奢望著，她們能夠活得稍微像我一點。比如我很喜歡音樂，啾啾也喜歡音樂，然而我們父女對小提琴的想法還是不同的。如果我是個小提琴演奏能力很強的人，我一定會日夜不懈地操練，一定會很有系統地精進，一定會去嘗試表演的各種型式，甚至我會讓小提琴的演奏突破一般音樂表現的框限，我有這樣一種藝

每個孩子都有他的內在動物秉性。身為父母的你，想做馴獸師，還是野生動物園園長？（應就然 提供）

術傾向，期待藉由小提琴建造某種權威。但啾啾完全不是。她只想用小提琴去跟周遭的人產生友誼，一點都不希望去創造以她個人為中心的強人世界。她對音樂、對小提琴的喜愛，比我來得單純許多。

以她就讀巴黎高等音樂院的年紀，我都還沒開始學小提琴呢！她有這麼好的條件，老爸也陪著她來到世上數一數二的音樂殿堂，那麼接下來，應該要進入國際舞台。我對她有極大的期待，也把對自己的寄望投射在她身上，這就是我掌控慾的主要源頭。到了法國後，這個期望正達到最高點。

讓掌控慾和依賴心皆歸零

也就在這個最高點，我看到一個完全不一樣的社會。這個社會充分尊重每一個人，它有來自世界各地的音樂家，法國政府花了很多的經費與資源，用在有音樂天分的人身上，並不僅限於法國人。在這種氛圍下，我願意開始「放手」。

啾啾到法國的第二年交了男朋友，就算她在我面前拉琴，都讓我覺得她的心思不在音樂上。啾啾也覺得我給她的壓力太多。我說，那是因為我們兩個的心態都不健康，你得剪斷臍帶，我要砍斷魔掌，我們一起來做。她不反對。我告訴她，一個經濟上不能獨立的人，父母會透過對她的經濟援助而持續干涉，這對彼此都不好，因為她有依賴心，我有掌控慾。她要拿錢，那我會抱怨，我希望她花了錢就要好好練琴；而她想過自己的生活，用父母的錢又很心虛。所以，我們的共識是：除了心理上的切割，經濟上真正的切割點，就是她畢業的那一天。這個過程中，我記得她曾經恨得牙癢癢地跟我說：「老爸你很厲害！你已經成功地讓我覺得，用你任何一分錢都很可恥！」

在巴黎第四年的冬天，啾啾即將滿十八歲時，在老師的鼓勵下，準備去立陶宛參加海飛茲小提琴國際大賽。從老師提議，到她成行，最後得了第三名回來，從頭到尾我沒有主動問一個字，也沒有提供任何協助，一切訊息都是她告訴我的。立陶宛的初春冰天雪地，她犯了頭痛又沒有藥可吃，在身體狀況很糟的情形下，獨自完成了這場比賽。

當她一回來，我熱情地歡迎並恭喜她，她已度過了最艱苦的一關。她說：「老爸，那天朋友送我到機場的時候，我一直想哭，我的爸爸真的不理我了！」我告訴她，我想要藉這件事讓她長大，讓她自己走過一回，此後就脫胎換骨了。她沒有抱怨，只一度傷心老爸當真狠得下心來，同時她又很高興，此役是她第一次全憑自己立下的戰功。幾個月後，她從巴高畢業，就完全獨立了。

她獨自在巴黎生活的這六年，只要有時間，就去接零星的演出打工掙錢，認識了許多很棒的音樂家，而她也明白，所有她建立起的人脈，所有她演出後的評價，都是她持續在社會上立足的保障。從我離開巴黎後，她的音樂生命才完全地展開。

所以，孩子要剪斷臍帶，父母得先痛下決心。

這個過程實在違背我到法國的初心，甚至違背我的本性，我一方面失落，一方面卻更加堅定，堅持自己一定不走回頭路。「我要讓我的孩子自由！」「我一定要尊重孩子！」「我不要再把自己的期望加在她身上！」這些心聲愈來愈清楚。可是，過去我心中一直引以為力的基石，也因此被抽走了，我開始失去力量，才會出現心理上的癥狀。有人說，那是空巢期或中年危機，甚至是早發性更年期，其實那是我在砍斷魔掌的過程中，出現了失血現象。

不過，砍下魔掌後，你會發現反而省下許多元氣，可以用在許多該用的地方，整個身心又變得好輕鬆。砍魔掌的過程，總共花掉我三年。

至於小女兒比嘎，那時跟著媽媽在台灣，我在巴黎已開始覺悟，只要不損害健康，功課跟得上，不管比嘎做什麼，我完全地支持她。從那個時候起直到現在，我跟比嘎之間的對話常常就是：「這是妳真的要做的事嗎？」「妳決定了？那就好！」我會告訴她，能夠給她的支援是什麼，她就很開心了。我跟小女兒的關係，在留法的那四年，因為距離，也因為我的體悟，關係是好的。

階梯下的照片，訴說著孩子茁長的軌跡。而教養的最後一關，就是放手。

身不由己，是幸福最大的殺手

一個人要放下自己的掌控慾談何容易？父母養育孩子，最終無非希望孩子能過著幸福的人生，但是有一個前提，父母得知道什麼是「幸福的人生」。

很多人恐怕不自知，他們這一輩子最大的痛苦，跟幸福漸行漸遠的主要原因，便是因為「不能做自己的主人」。所以，不只孩子要追求幸福的人生，父母本身也要去追求幸福的人生。

幸福的背面是什麼呢？「身不由己」就是幸福最大的殺手！

人們總說自己身不由己，於是便把責任推給「江湖（家庭、工作、社會）」。錯了，「身不由己」其實就是痛苦本身。不管你身在哪裡，就是不可以讓自己變得身不由己。

啾啾念師大附中國中部音樂班時，有一天放學回來跟我分享了一件事。她們班可說集合了當屆許多最優秀的音樂學子，光小提琴一項，進入省賽前十二名的就有好幾個，更別說其他樂器了。可是當老師問同學，確定是因為自己喜歡音樂，將來要走音樂這條路的人，請舉手！結果全班只有兩個人舉手，其中一個是啾啾，另一個後來到維也納留學去了。

啾啾好驚訝，可是班上每個同學都好厲害呀，不管是聽寫、樂理還是演奏技巧，對音樂的典故與常識也都能對答如流。但只要老師一放音樂，有時卻連最基本的曲子也答不出來，顯然，很多同學平常是不聽音樂的，對於音樂本身沒有渴望。他們不確定音樂之路是不是自己想要走的，但已經長期接受嚴格的訓練，也已拿到很好的成績，只好埋頭走下去吧！

我在巴黎曾碰到一位短期進修、在台灣音樂圈小有名氣的小提琴老師，我問他什麼時候決定走上音樂之路的？他告訴我，當他發現其他事都不會做的時候！

「受到他人意志所左右」，這是身不由己的第一個源頭。我想，所有人都可以舉出一大堆自己或身邊人的例子。

我就認識一個人，已經結婚、生子、後來也離婚很久了，碰到我時仍然抱怨不已，好氣她爸媽要她嫁給前夫，更氣的是，她都想離婚了，媽媽還說：「生了孩子就會好了！」她又聽從了。最後她講了一句：「都是他們害的！」這個人已經五十幾歲了，居然還覺得一切都是別人害的。

當一個人的意志長期地受到別人左右，他的人格已經殘缺，沒有辦法復元了。

還有更慘的！我聽說有這樣的人，如果媽媽要他做Ａ，那麼全天下所有事他都可以做，就是不做Ａ。他已完全不論是非對錯，唯一要做的就是不再受媽媽的意志左右。他因為「不想受媽媽左右」，卻變成「受媽媽右左」了！他還是活在媽媽的陰影下，只是永遠反其道而行。

「受到他人意志所左右」，這種事最容易發生在家庭中。父母被賦予太多的權力，有太多理由可以左右自己的小孩，無疑就是一雙「魔掌」。

心理問題的擾亂，也讓人「身不由己」

身不由己的第二個源頭，是人很容易受到心理問題的擾亂。

譬如，明明想表達自己的愛意與關懷，見了面卻變成惡言相向，無法掌握自己下一刻的行為，因為心理問題累積得太多，記憶中的陰影會不停地干擾他的決斷能力。

啾啾念巴高時，認識一位也來自亞洲的同學。這位同學琴技高超，歸功於她母親長年的高壓鞭策和她日以繼夜的練習，每當這位彬彬有禮的女孩悲訴童年回憶的時候，從她的眼神中，我看見一個急待療傷、渴望關愛、需要同情的靈魂。她和啾啾曾經走得很近，還一同選修音樂院的瑜珈課。

有一天啾啾回到宿舍，迫不及待告訴我先前發生的糗事。原來在瑜珈課堂上，這位同學的手機鈴聲突然響了（她忘記把手機關機），老師顯得相當不悅，問是哪位同學的手機，趕快去處理。手機就這麼眾目睽睽地響響停停好幾回，就是沒有人採取行動，大家的情緒也在鈴聲中凝結。啾啾因為認得這個鈴聲，逐漸顯得不安，反倒是當事人保持鎮定，完全事不關己的樣子，同時也以眼神示意啾啾不得洩露。結果，啾啾受不了這個膠著狀態，起身幫她把手提包裡的手機關掉。當下，啾啾立刻發現自己做了濫好人，被大家眼神所指，認定是個扭扭捏捏的討厭鬼，卻百口莫辯。

我認為這兩個孩子都受到心理問題的干擾，一個是不能為自己行為負責的懦者，一個是想當好人的偽善者。我勸啾啾，以後離這類朋友愈遠愈好。

第三個身不由己的源頭，是受到封閉價值的框限。

這種價值通常來自於習俗、常規、宗教偏執、拜金主義、菁英主義等等，許多人完全不假思

和孩子真正地成為心靈朋友，讓親子成為彼此的祝福。（應就然、應悅 提供）

索，以為依循了這些價值，人生自然美好。

記得某次聚會，有人突然提到某某嫁了一位律師，立刻有人回應說：「那很好啊！很幸福！」我當場就很不以為然地發難了。我說，你們完全沒有進一步訊息，光是從嫁給「律師」這一點，便認定很幸福，這就是一種封閉的價值觀。許多不計其數的「大家」，都會給我們一種指導，想要左右我們的人生方向：「只要你好好讀書，將來要什麼有什麼！」或者「只要你成功了，什麼樣的女朋友都等著你來挑啦！」這類子虛烏有的想法，卻被視為圭臬奉行。

所以，來自他人的意志，來自自己內心的干擾，來自整個社會的氛圍，都會讓我們陷入身不由己。「身不由己」也就是「自主」的反面！

孩子不會一直等我們，在適當的時候做該做的事

家庭教育需要全心全意地經營，而「放手」是最美的結局。

柳宗元有一篇關於種樹的文章，至今我仍常念誦。大意是說：移植一棵樹時，要讓它的根部能夠舒展，盡量把根部的泥土一起移植過去，還要夯得很固實，如果附著在根部的土太鬆，埋下去之後，一下雨就鬆動了，同時要把土鋪得跟地面一樣平，看起來就跟旁邊的樹一樣自然。最後有一段話講得很好：照顧一棵樹，就像照顧自己的孩子般那樣地愛護它，可是當移

植好了，枝葉修剪乾淨了，土也夯實了，當你離開不管它的時候，就好像是棄置它一樣。

當孩子還小的時候，就要像大地撫育所有生命般，那麼地飽滿、全面，完全不用擔心給的愛太多，或是跟孩子太親密，會讓他們不想獨立。然而終有一天，做父母的要學會完全放手，然後你會發現，孩子已成為一個很健全的人，跟父母之間也保有非常親密的記憶。

我曾問過一些朋友，跟自己父母的關係如何？有人說一接到電話就毛骨聳然，爸媽很愛管東管西；有人則說沒時間管彼此，跟父母不太親近。似乎總是干擾的多，掌控的多，互相擔心的多，也有形同陌路的。

我體認到的教養原則，就是：該對孩子完全付出的時候，就毫無保留地付出，假如孩子六歲前都不跟他親密，之後補救可能也來不及了；假如都不跟孩子玩在一起，到他十歲以後就來不及了；假如都不跟孩子溝通，那麼到他十三歲進入青春期，也來不及了；假如都不與他分享，等他完全長大了，再要分享也來不及了。孩子不會一直等我們的，在適當的時候就要做該做的事。而最後一件該做的事，就是砍斷自己的魔掌。

對孩子有信心，才真正展開教育的過程

我們一定要相信孩子。每一個孩子都值得被相信，往往是大人把事情搞砸了。

什麼叫做「相信孩子」呢？首先，孩子一定都希望讓自己活得很好，只要父母給他們機會去發現自己的問題，他們終究會知道自己是誰。別去干擾，也別太早就直接跟他說這樣是對、那樣是錯。

我想起比嘎八個月大時，才剛學會爬不久，我們帶她到一個遊樂場，她在一個大概離地一公尺半的器材上爬，我一邊守護她，也一邊觀察她如何玩。忽然她的身體嘗試一個看起來非常危險的動作，幾乎懸在半空中，她的腳不停地晃來晃去，探試任何可以踩或勾的支撐點，結果我看見她像一隻毛毛蟲般，又攀回到原來的地方繼續爬。一個這麼小的孩子，她對危險有警覺性，也不會只停留在安全的地方。

當孩子逐漸成長、準備邁入社會，父母只要幫助他去了解各種狀況，不需要誇大「危險」，也不需要誇飾「美好」，孩子自然而然會逐漸明瞭，原來人性是這樣子運作，社會有這樣的法則與規範，有這樣的資源與選項，孩子不會讓自己走到絕境去的。

一旦對孩子有信心，才能真正展開教育的過程。我們可以跟著孩子一起探索、一同成長，對於孩子所需的支持，也完全不要害怕地給予和陪伴。

斷魔掌，剪臍帶，親子成為彼此的祝福

親密是教養的起點，放手是相信的延續。（應悅 提供）

孩子一開始喜歡跟父母玩，等到有一天他發現了同好，想打棒球時他知道該找誰，想溜冰時又要找誰。當他不再找你玩，父母不要還一直巴著他。當孩子逐漸成長、逐漸要脫離父母的時候，就把空間給他們吧！

當孩子又想回過頭來，跟父母分享所有好玩的事情時，就和他們一同分享；當孩子的主張成形的時候，不要去阻攔他們，給他們的餘裕愈多，他們也思考得愈快，父母也就愈輕鬆，孩子也能及早找到自己。

每個人的個性是很不一樣的，

要尊重他，不要去框限他。有些孩子生來就膽怯，不要一直逼迫他勇敢，也不要拿他跟完全不同個性的孩子相比。先看出他的本性，然後接受他、欣賞他，跟著他一起去發展。

發掘孩子的本性，這件事有趣到極點，每個孩子的生命旋律有太多的奧秘，只要協助他發現前幾個小節，他就會自己演奏下去，找出這首旋律的韻味。等到屬於他的調子完全展現出來，做父母的就在一旁好好地欣賞吧！

在養育孩子的過程中，我同時也療癒了自己。當我在四十出頭，決定放棄對孩子的掌控時，我的生命一度彷彿失卻了憑藉而顯得虛弱；但就在同時，我也真切地感受到解放後的自由空氣，我的生命達到了前所未有的完好狀態，內在的自主性更圓滿，更能夠照著自己的心願去生活。當時的我，實在比二、三十歲的我好得太多了。我也明白，我的孩子一定要走上心靈完全自由的這條路，我和女兒同時在斷魔掌、剪臍帶這個點上，成為彼此的祝福。

當孩子十七、八歲以後，差不多要為自己的人生負責了。假如父母不在適當的時機放手，那麼親子間彼此的生命就會糾纏在一起。

既已砍斷魔掌，也剪斷了臍帶，我和孩子真正地成為心靈朋友，可以一起商量事情，幾乎沒有金錢上的糾葛，沒有社會人脈上的重疊，我們就是很純粹的親子關係。這是我從孩子青春期以來所持續完成的步驟，也是整個家庭教育最後的一個步驟。

親子聽音樂

相信與尊重，親子共享甘甜

推薦曲目：舒伯特「未完成交響曲第二樂章」

生命應該是莊嚴的，生命應該是甘甜的。比嘎出生的前一刻，有感於做爸爸的激動神情，護士們讓我用手指伸進產道，觸摸了一下孩子的頭髮。之後醫生來了，我被請出產房。沒一會兒工夫，嬰兒被大地之力推出母親的身體，我再次見證造物的神蹟，一個獨立的生命在臍帶剪斷之後，託付在父母手中。有一天，她要剪斷心理的臍帶，完全地扛起自己，和父母在心靈上比翼飛翔。

有什麼曲子比舒伯特「未完成交響曲第二樂章」更貼近放下後的寧謐之美？不耽溺、不牽絆，護衛天賦的莊嚴，回味自由的甘甜，好像養育的工程劃下美麗的句點。雖曰未完成，卻是已完成。

女兒說

不似乖女兒，寧像小猴子

應就然

下筆五分鐘前才與正在度假的妹妹通過電話，我們兩個都為了寫爸爸書裡「女兒的話」一個頭兩個大。平常只擅長玩樂的姊妹倆，對於文字的掌控能力實在有限，只好趕緊鋪路，先請讀者多多包涵了。

出國已經十年多，我現在仍然三天兩頭打電話給爸媽，時常一聊就是幾個小時。自己都覺得，能與父母擁有這麼密切的親子關係，是件很難得、很幸運的事。

與妹妹不同，我天生跟爸爸媽媽性情相近，成長過程中與他們少有衝突。十五歲時父親陪我來法國留學，接下來的四年，我曾經對學業心不在焉，那段令爸爸頭疼的時光，我們在不間斷的溝通中度過。爸爸讓我了解，所有的支持背後都有一個期望，他們對我出國在心理與經濟上的支持，是希望我在自己熱愛的音樂上有所精進，不用交出亮眼的成績單，但學習的態度要誠懇。我也可以選擇不承受他們的期望，但就不應接受支持。簡單的道理，其實也同時說明了，每個人只要在不成為別人負擔的情況下，有權利選擇任何生命的道路。後果，好的壞的自己承擔；而人，真的很自由。

現在的我，在法國鄉下的職業樂團工作，領的是很普通的薪水，過的是很普通的生活。但我感覺很富足，因為我擁有的一切，都是自己努力爭取而來的。原來，能夠完全負擔起自己的生命，是那麼大的財富。

差不多一年前開始聽爸爸說，有人要替他出書，內容有關於親子教育。我覺得很好玩，也忍住不提前看內容。我想等書出版後，再跟讀者一起發掘，爸爸養育我們時腦子裡究竟在想什麼，還要看看自己在書裡被出賣到什麼程度！

我是一個篤定的人，很清楚自己要什麼，跟我再親的人都沒辦法影響我的行為。對我母親來說，這個女兒大體來講是很貼心的，但總有些時候態度強硬、不聽勸，讓她頭疼。我是一個自由、獨立的個體，絕不是大家口中的乖女兒。所以，請讀者自行斟酌，我老爸的教育方針，產出來的可是野性十足的小猴子，不一定適合觀念保守的父母喔！

女兒說

走出自己的路

應悅

我覺得天下沒有完美的父母，由於每個孩子的天性大相逕庭，做到完全的因材施教是不可能的。雖然我小時候的性情跟家人並不很投合，但是爸爸的某些教育特點，卻讓我在茫茫人生中依然能走出自己的路。

比如說爸爸媽媽在孩子面前從不以長輩自居，使我們能夠平等地講道理，養成了我勇於質疑與批判的性格。另一方面，爸爸對他的原則卻也從不讓步，讓我對於社會的規範有了認知。

還有一點，最令我深受其利。從小爸爸便讓我清楚地知道，每個人都必須對自己的生命負責。爸爸盡量不去主導我的決定，但是會要求我承擔後果。這讓我學會了自愛，也讓我在生命中不斷地探索真正的自我。

對此，我是深深感謝的。

國家圖書館出版品預行編目資料

親密是教養的起點：音樂家爸爸最真誠的親子互動旋律／應志遠著；張瓊齡採訪撰稿. -- 初版. -- 臺北市：遠流, 2012.11
面； 公分. --（綠蠹魚叢書；YLK45）
ISBN 978-957-32-7089-8（平裝）
1. 親職教育 2. 親子關係
528.2　　101020628

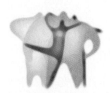

綠蠹魚叢書 YLK45

親密是教養的起點

音樂家爸爸最真誠的親子互動旋律

作者：應志遠
採訪撰稿：張瓊齡
圖片提供：應志遠、應就然、應悅
攝影：楊雅棠
出版四部總編輯暨總監：曾文娟
資深主編：鄭祥琳
企劃：王紀友
行政編輯：江雯婷
美術設計：雅堂設計工作室

發行人：王榮文
出版發行：遠流出版事業股份有限公司
地址：臺北市南昌路二段 81 號 6 樓
電話：（02）2392-6899　傳真：（02）2392-6658
郵撥：0189456-1

著作權顧問：蕭雄淋律師
法律顧問：董安丹律師
2012 年 11 月 1 日　初版一刷
行政院新聞局局版臺業字第 1295 號
定價：新台幣 330 元（缺頁或破損的書・請寄回更換）

ISBN 978-957-32-7089-8

YLib.com 遠流博識網 http://www.ylib.com
E-mail: ylib@ylib.com